职场礼仪
——职场生存与发展的智慧

ZHICHANG LIYI

ZHICHANG SHENGCUN YU FAZHAN DE ZHIHUI

肖晓 编著

经济管理出版社
ECONOMY & MANAGEMENT PUBLISHING HOUSE

图书在版编目（CIP）数据

职场礼仪/肖晓编著. ——北京：经济管理出版社，
2014.07

ISBN 978-7-5096-2733-4

Ⅰ.①职… Ⅱ.①肖… Ⅲ.①人间交往－礼
仪 Ⅳ.①C912.1

中国版本图书馆CIP数据核字（2013）第253576号

组稿编辑：王光艳
责任编辑：张 马
责任印制：杨国强
责任校对：陈 颖

出版发行：经济管理出版社
　　　　　（北京市海淀区北蜂窝8号中雅大厦A座11层 100038）
网　　　址：www.E-mp.com.cn
电　　　话：（010）51915602
印　　　刷：北京画中画印刷有限公司
经　　　销：新华书店
开　　　本：720mm×1000mm/16
印　　　张：12.25
字　　　数：210千字
版　　　次：2014年7月第1版 2014年7月第1次印刷
书　　　号：ISBN 978-7-5096-2733-4
定　　　价：38.00元

序

在成都理工大学这座大约两平方公里的园子里，肖晓老师小有名气：课讲得好，学问做得好，风度气质也很好。多年前，有督导组老教授听过她的课，四处夸她普通话标准、英语纯正、讲授精彩，学生尽数被"俘虏"……听到这些溢美之词的时候，笔者还无缘一睹她的芳容。

直到几年前，笔者作为校评委之一，参加该年教授晋升的评审，终于亲见她优雅从容地登台，大方文静地陈述，言简意赅地回答，加上摆在评委面前的大堆成果，终至其在大有作为的芳龄，顺利迈过从副教授到教授那道高校里最难迈的坎儿。

此后，留心她的行踪，得知她一如既往地教书育人，勤奋笔耕，时有美文现博园，更有著作上书架。近年，更惊悉她挂职成都金堂县旅游局副局长、五凤镇副镇长，五凤镇那可是四川省历史文化名镇，中国当代著名哲学家贺麟的故乡，市县两级都致力于将其打造成旅游文化名镇。因而她的挂职，既是顺应国家经济社会发展的需要，也是听从内心学以致用的呼唤。事实上，挂职期间，她遍访镇内山山水水，积极走访调研，发挥自己在旅游策划与管理方面的专长，为推动五凤镇向旅游文化名镇快步挺进贡献力量。

ETIQUETTE

因此，当看到她的新作《职场礼仪》时，惊诧中又感到顺理成章。其实，书稿已于一年前编写完毕，此后至今，一直处于修改润色阶段。"职场礼仪"是她十多年来从事礼仪授课和对外培训的心得感悟。封面设计上的几个大字"职场生存与发展的智慧"，画龙点睛，引人入胜。再看全书，洋洋数十万言，生动风趣、轻松幽默地由职场礼仪的知识与讲究，春风化雨地触及诸多做人做事的重要道理。

单从全书的八章标题看，这部实用与启智兼并的新作，是妙趣横生与颇值玩味的："形象是第一竞争力"、"融洽的关系助你玩转职场"、"良好的沟通是职场第一要务"、"商务餐桌上的礼仪"、"商务出行礼仪"、"商务礼品往来的学问"、"职场修炼法则"、"求职礼仪：良好事业的开端"。通俗性与新颖性兼备，趣味性与实用性珠联。看得出在一位长年传播与研究相关知识的专家手里，原本枯燥的知识或学问，想必会被读者所喜闻乐见。

以第四章为例，本章是讲用餐文明和宴会礼仪的。众所周知，用餐不仅仅是用餐，赴宴也不仅仅是赴宴。餐桌或宴会厅，其实是人生一大考场，也是人生一大秀场。你在那儿吃，人在那儿看。人的"吃相"是其文明、文雅程度的侧面表现，也是其风度气质的重要检验。中国文化老祖宗孔夫子，甚至把"食不言，寝不语"当作人必知之礼，郑重告知弟子和乡党。西方文化重要代表莎士比亚，也有"在宴席上最让人开胃的就是主人礼节"的精妙论述。吃是文化，吃时的言谈举止或"吃相"是文化和文明的标志。与人共吃，实际上已成当今这个交往日益频繁的社会中人们相互认识或互增好感的重要场合。对于初入道者而言，更是其步入成功的重要门槛。作者提出，"你的事业可能会在餐桌上发展起来，也有可能在餐桌上跌落下去"，因为"你在品味美食，别人在品味你"。通读本章作者的奇思妙想，联想孔夫子和莎士比亚诸君的谆谆教诲，读者必会深切体会到，作者这绝不是在故作惊诧之论。

在本章，作者将通常赴宴或吃请的全过程，做了周到细致的介绍。在这里，读者很容易发现，那些我们经常忘记的屑小之处，恰恰是决定我们得失成败的细节：穿着、打扮、入宴、落座、点菜、举筷、举杯、咀嚼、端杯、斟茶、说话、起身……中餐一般应当怎样，西餐通常会如何；男士应当怎样，女士又应当如何等。很有益，很有用，也很有趣。笔者也不禁想到，若论相关讲究，非但中外有别，甚至在同一国和同一民族间，也有着难以计数的差异。如中国不同地区餐桌上的"上八位"，不同地区敬酒时的"举杯高度"，斟酒时的满欠程度等，就是一地一俗，一地一风，完全称得上人活到老学到老。而在肖晓教授的这本书中，已经为我们指出其最敞亮的大道。至于旁边的岔道与支线，有兴趣者自会举一反三。

再以本书第八章为例，"求职礼仪：良好事业的开端"，作者开宗明义就把求职礼仪放到良好事业开端的重要位置上。在今天竞争十分激烈的职场，甚至竞争已延至进入职场前的"求职"阶段，相信人们就已能理解作者的良苦用心与准确定位。细看内容，方知作者逻辑严谨地将整个求职过程分为"之前"、"之中"、"之后"，再巧妙地将其细分为知识准备、文案准备、心理准备、求职信撰写、穿着打扮、语言运用、介绍要点、面试礼仪、陈述技巧、答问法则、时间掌握、站姿坐相、眼神表情、握手寒暄、交流技巧、相关忌讳等。细想，若非善于享受和观察生活，若非于生活之细微处用心与着力，怎可能想得到如此严密的风范与讲究？

人们最熟悉的"见面礼"，恐怕只是物质形态的礼品或礼物。读了此书，才知"见面礼"更当是与人见面时展现出来的礼仪、教养和修养。确实，不仅是在职场，即使是在一般交往中，也鲜有人真心喜欢一个粗俗、庸俗和低俗的人。哪怕此人长相不差。毕竟人是地球上唯一的智慧生物，文明礼貌、知书达理、优雅高贵、文质彬彬、典雅娴熟等，是他毕生应当的追求和拥有。

当代大学生乃至当代青年，从一出生就被置于激烈的社会竞争中，职场竞争则是这种竞争中最鲜明、最典型也最残酷的部分。而如上所述，他们自身的礼仪或文明，又在很大程度上决定着他们在关键竞争中的成与败。因此，即使是暂且抛开他们毕生的做人、做事和修养不论，哪怕是功利地、短暂地、有目的地学习和掌握一些相关礼仪，也是非常必要的。正是在这个意义上，肖晓教授将自己教学、科研和实践中的体会，推广和普及至更多青年学子中，帮助他们优雅从容地走向职场，这份苦心与付出，是非常值得称道的。

陈俊明[①]
2013年11月26日

---

① 陈俊明先生系成都理工大学文法学院教授、院长、资深媒体撰稿人

目录
CONTENTS

ETIQUETTE

ETIQUETTE

第一章
形象是第一竞争力

ETIQUETTE

只有留给人们好的第一印象，你才能开始第二步。

——海罗德（勃依斯公司总裁）

破坏自己形象最有效的办法之一是对别人进行攻击和指责。

——罗伯特·庞德（美国形象设计师）

我相信一个站立很直的人的思想也是同样正直的。

——威廉姆·丹福思（美国著名作家）

商业心理学的研究告诉人们，人与人之间的沟通所产生的影响力和信任度，来自语言、语调和形象三个方面。但它们的重要性所占比例是：语言只占7%、语调占38%、视觉（形象）占55%。由此可见，形象确实是一种征服人心的利器。几乎所有国际大机构都非常重视公司员工的形象塑造，力图把形象这属于静态的因素变成一种动态的竞争力去超越对手，使其成为公司征战市场的有力武器。

第一节 你不得不懂的礼仪形象

礼仪是人类社会实践的产物，是人们在日常生活和交往过程中为了保持社会的正常秩序而形成的一种规范，它又体现在人们的实践过程之中。礼仪形象在客观上具有能引起人们愉悦等情感反应的属性，因而具有美的价值。礼仪注重形象和形式的美。任何礼仪规范都包含着审美的要求，反映着人类共同的审美情趣和欣赏习惯，无论任何国家、地区和种族的礼仪，都推崇外在形象和形式的美。这种对美的追求，源于人类的精神需求，爱美之心，人皆有之。

从原始社会开始，人们就开始了对美的追求。随着社会的发展，美越来越被人们重视，它是精神生活中必不可少的部分。礼仪对人的言谈、举止、仪态和仪表都有形象和形式上的规范，这一切综合地体现在一个人的气质、风度和魅力上。礼仪并非指人的某一个动作，而是指人的全面生活姿态提供给别人的综合印象，既包括思想、品德、性格和情操等内在品质，又包括言谈、举止、仪态和仪表等外在素质。

"礼仪形象"，指个人的外表样子和礼节仪态，亦指某个团体的整体风格和礼节仪式。形象是社会公众对个体在遵循礼仪规范方面所表现出来的礼仪修养的总的印象和评价。

一、礼仪形象的功能

1.礼仪形象是"人性"的表达

礼仪是人与动物的根本区别之一。孟子说："今之学者，是谓能养，至于犬者，皆能生养，不敬，何以别乎？"人与动物的区别就在于人懂得尊敬别人，"恭敬之心，礼也"，而尊重只是礼仪的核心内容。礼仪中的繁文缛节很多，但最基本、最重要的原则就是尊重的原则。这里的尊重包括自尊和他尊。孟子对礼的解释就是"自卑而尊人"，这里"自卑"并非指自己藐视自己，而是任何时候都把自己看得很淡，把别人放在一个很重要的位置。

比如，礼仪是讲究等级秩序的，下级对上级、晚辈对长辈和主人对客人等，都要恭敬。但反过来，上级对下级，要礼贤下士；长辈对晚辈，要关怀爱护；客人对主人，要客随主便，礼仪中的任何一方都要把对方放在一个很重要的位置。当人们首先对别人表示尊重时，就会博得对方的友好和尊重，从而感受到人的尊严。凡是认同、遵从礼仪规范的人都能在礼仪

实践中体验到人的尊严。人的"尊严"是人格的支柱，只有人格尊严的觉醒，才能使人意识到自己与动物的区别，从而使人更具人性，才能把现在社会的伦理规范和道德转化为能持久发挥作用的内在机制。

2. 礼仪形象是文明程度的重要标志

一个社会的文明程度越高就越重视礼仪，全民的礼仪水准也就越高；反之亦然。一个不懂得尊重别人的人，是一个不懂得尊重自己也不可能受到他人尊重的人。在社会生活中如果不讲道德、不讲礼仪，稍有矛盾即唇枪舌剑，剑拔弩张，这个社会就很难进步与发展。如果社会上每一个人都能讲道德、讲礼仪，谦恭友善，营造温馨和谐的氛围，就能妥善处理个人与个人之间、个人与社会之间的种种关系，大大增强凝聚力，同心协力，团结奋进，这无疑有利于社会的稳定与发展。可以这样说，一个不讲道德和礼仪的民族或国家，是一个不文明的民族或国家。这样的民族或国家，其内部是不可能安定团结和稳步发展的。

3. 礼仪形象是人们对美的追求

礼仪形象能够唤醒和激发人们对美的追求，别林斯基说："美和道德是亲姊妹。"康德说："美是道德的象征。"追求美，会使人精神美好、心地纯洁，情感和信念端正。礼仪形象就是从审美的角度来感染人、吸引人，使人在潜移默化中陶冶性情，净化心灵，从而影响到他的思维方式、行为态度和行为方式，达到人格的完美，这是礼仪的魅力之所在。礼仪还凝结着人类的理想、智慧和创造力量，具有有利于人类生存和相处、有利于社会进步和发展的性质。这也就是说，良好的礼仪形象能使人感到完善，使人产生兴奋和激情，进而产生积极的态度和行为；良好的礼仪形象也能使人们感受到美，从而使交往对象易于产生认同感，获得交往的成功。

二、礼仪形象的内容

由于个体在社会生活中所扮演角色的层次性和丰富性，个体礼仪形象也呈现出丰富性的特点。个体礼仪形象塑造主要包括以下方面：

1. 个人日常生活礼仪

主要包括言谈、举止和服饰等方面的礼仪要求。

2.家庭礼仪

礼仪在家庭及亲友交往范围内的运用是家庭礼仪，它包括家庭称谓、问候、祝贺与庆贺、赠礼、家宴及家庭应酬等礼仪规范。

3.社交礼仪

从家庭走向社会，进行社会交往，是礼仪行为向大社会的拓展。社交礼仪通常包括见面与介绍的礼仪、拜访与接待的礼仪、交谈与交往的礼仪、宴请与馈赠的礼仪、舞会与沙龙的礼仪、社交禁忌等。

4.公务礼仪

公务礼仪是人们在公务活动过程中所应遵循的礼仪规范。它存在着自身的特殊性。在礼仪的一般原则指导下，把握公务活动过程中特殊的礼仪规范，可以提高公务活动的效率和成功率。公务礼仪通常包括工作礼仪，如工作汇报、办公室礼仪；会议礼仪；公文礼仪；公务迎送礼仪；等等。

5.礼仪文书

礼仪文书是人们在日常交往过程中，用书信和其他文字方式表达情感的礼仪形式。通过礼仪文书，可以达到彼此交流思想、互通信息、加深友谊的目的。常用的礼仪文书有：礼仪书信，如邀请信、贺信、感谢信等；礼仪电报；请柬；贺年片；题词；讣告；唁电；碑文；等等。

6.商务礼仪

商务礼仪与一般的人际交往礼仪不同，它体现在商务活动的各个环节之中。对于企业来说，从商品采购到销售乃至售后服务等，每一个环节都与企业的形象息息相关。因此，企业及其每一个成员，如果能够时刻按照商务礼仪的要求去开展工作，这对塑造企业的良好形象，促进商品销售，将会起到重要的作用。商务礼仪主要包括待客礼仪、洽谈礼仪、推销礼仪、商业仪式，等等。

7.习俗礼仪

不同的国家、不同的民族存在着不同的风俗习惯。充分了解这些风俗习惯，并在社交往来中自觉尊重这些风俗习惯，有助于促进交往的成功。习俗礼仪的内容主要包括日常生活礼俗、岁时节令礼俗、人生礼俗（如婚嫁礼俗和丧葬礼俗）等。

ETIQUETTE

你知道吗？人与人之间建立好感只需30秒。如何像魅力十足的好莱坞明星一样，让别人只见一面，就能将你牢牢记住？快来学习这奇妙的"30秒魅力养成术"，让所有人对你"一见钟情"。

★ 微笑，一定要微笑

没人会主动喜欢肌肉僵硬的人！不管你是面试，还是相亲，哪怕在电梯间偶遇想要搭讪的帅哥，都要面露微笑。真正的微笑不是嘴角上翘那么简单，而是张弛有度地做肌肉运动。有研究发现，露齿微笑的感染效果比抿嘴微笑好近三成，所以不要担心你的牙齿不齐。

★ 不要谈论沉重话题

人们更喜欢那些带来"积极心理效应"的人！只要你不是去深度访谈节目组里面试，就不要在第一次与陌生人见面时谈论金融危机、中东战争、公司裁员等沉重话题！否则对方因此产生的负面情绪会不自觉地"移情"到你头上，在他潜意识里，你会成为坏心情产生的源头。建议你第一次与陌生人见面时尽量谈论轻松话题。如果对方是女性，谈论旅游、服装、饰品比较稳妥；对方若是男性，就向他咨询最近新出的手机款式！

★ 倾听时要有所回应

既然选择做倾听者，就不要光听而已！随着对方的话语频频点头，对方说到精彩处微笑回应，都能让人在你身上找到共鸣，有"得一知己"的感觉。切忌在对方说话时插嘴，这是社交场合的大忌。如果你面对的人滔滔不绝，丝毫不给你说话机会，也不要紧，你点头、赞同、微笑等一系列积极反应自会让他心生好感，你却可以在一旁暗下决心：下次打死也不联系他了！

★ 做几个让人印象深刻的表情

设计几个只属于你的经典表情，能让别人脑海中关于你的记忆增色不少。这种表情不一定是微笑或大笑，你可以经常在镜前练习，找到一个自认为最好看的表情，在重要场合不经意地做出来。比如女性轻轻地咬住下唇、做思考状的样子，就被称为最惹美国面试官喜爱的经典表情！著名影星茱莉亚·罗伯茨，她之所以给人深刻印象，是因为她独特的大笑表情，谁也模仿不了！

★ 不要把后背靠在椅子上

谈话时把后背靠在椅子上，通常给人目中无人的感觉！剑桥大学的心理学试验表明，当面试官傲慢地"瘫"坐在椅子上时，36%的面试者会产生"此公司企业文化不佳"的想法。随意靠在椅背上与对方说话，是亲密朋友间的行为，当你面对陌生人时，建议你尽量保持后背正直，上体前倾，让人感觉你在有意拉近彼此的心理距离。

★ 目光在对方的"三角区"游荡

以对方眉心为顶角，两颧骨为底角所形成的三角形，被心理学家称为"焦点关注区"。与对方说话时，如果你的目光不断游离于这个"三角区"，将给人留下被强烈关注、自己成为焦点的感觉，这会让人对你好感倍增！相反，如果你死死地盯住对方的双眼看，反而会让他产生敌意。

★ 尽量让对方多说话

第一次见面时，永远留给对方说话时间！没人喜欢滔滔不绝的"话匣子"，社会心理学研究发现，27%的不成功相亲都源于一方话多、另一方无语的尴尬局面！建议你在对话时尽量留给对方说话时间，让人感觉到你的体贴和平等。

★ 找不到共同话题时，就重复对方观点

通过简短对话，找到与对方的"交集"，可以让双方交往迅速加深。但如果你碰到的人与你的经历大相径庭，思维模式截然相反，就应适当重复对方观点，以表示自己与他处于同一立场。比如，当他谈起你毫不了解的货币战争时，你可以在最后为他的言论做个总结，"因此你的意思是：这次金融海啸会让欧元遭到重挫？"这样一来，对方就会产生自我满足感，对你好感倍增！

★ 尽量减少说话时的手势

说话时不经意的手势会透露你的内心感受！比如当你的左手无意中拂过嘴唇，对方如果精通心理，立刻会感觉你刚刚说了句大话，或正在撒谎。建议你在说话时尽量减少手势，但也不要两手攥拳紧紧不放，这会透露你内心中的紧张感。如果你不能将双手轻松地放在腿上或桌上，可以手

ETIQUETTE

拿一个毛绒玩具，它能有效地减轻你的精神压力。

★ **说话时尽量减少口头语**

与说话时手势太多一样，口头语太多，说明着你内心犹豫、徘徊不决。所以，你宁可放慢语速，也要去掉诸如"这个"、"那个"之类的口头语。仔细看看奥斯卡颁奖典礼，哪个明星上台时会说一串不明所以的口头语？

第一印象对我们的交往是至关重要的。微笑、找合适的话题、说话时该注意些什么……都是我们应该了解的。那就用30秒赶紧试试上面的方法。让你有不一样的自己！

第二节　良好的职业形象等于更多的职业机会

随着社会的发展，形象的包装已不再是明星的"专利"，普通职场人士对自己的形象也越来越重视，因为好的形象可以增加一个人的自信，对个人的求职、工作、晋升和社交都起着至关重要的作用。形象设计师建议，好的形象并不只是靠几件名牌衣服就可以建立，人们应该更多重视一些细节。

一、职场形象决定职场命运

在这个越来越全球化的社会，一个人尤其是职场人士的形象将可能左右其职业生涯发展前景，甚至会直接影响到一个人的成败。据英国一家著名形象设计公司对300名金融公司决策人的调查显示，成功的形象塑造是获得高职位的关键。另一项调查显示，形象直接影响到收入水平，那些更有形象魅力的人收入通常比一般同事要高14%。因此，职场中一个人的工作能力是关键，但同时也需要注重自身形象的设计，特别是在求职、工作、会议和商务谈判等重要活动场合，形象好坏将决定你的成败，进而影响你未来的职业机会和发展。

人们往往以为形象就只是指发型、衣着等外表的东西，实际上现代意义的形象是包括仪容（外貌）、仪表（服饰、职业气质）以及仪态（言谈举止）三方面，其中最为讲究的是形象与职业、地位的匹配。一个人好的形象，不光是把自己打扮成多么美丽、英俊，最主要的是要做到自身发型、服饰、气质、言谈举止与职业、场合、地位以及性格相吻合。

1. 成熟稳重是职业形象的关键

所谓职业形象，当然需要与你的职业紧密结合，而其中最重要的当然是要体现出你在职业领域的专业性。任何使你显得不够专业化的形象，都会让人认为你不适合你的职业。如果你想事业有成，首先你得让人看起来就像事业有成。

专业形象的设计，首先要在衣着上尽量穿得像这个行业的成功人士，宁愿保守也不能过于前卫、时尚。另外最好事前了解该行业和企业的文化氛围，把握好特有的办公室色彩，谈吐和举止中要流露出与企业、职业相符合的气质；要注意衣服的整洁干净，特别要注意尺码适合；衣服的颜色要选择皮肤的中性色，注重现代感，把握积极的方向。

成熟稳重是专业形象的关键，所以在日常工作中一定要注意表现出自身的成熟。应该尽量避免脸红、哭泣等缺乏情绪控制力的表现，因为那不但令你显得脆弱、缺乏自制力，更会让人怀疑你会破坏公司形象。另外，在言谈中表现出足够的智慧、幽默、自信和勇气，少用"嗯"、"呵"等语气词，会使你看起来更果断而可靠。

2. 职场形象要突出个人风格

在职场唱主角的年轻一代，他们的思维和性格越来越差异化、个性化，对自己职业形象细节的专注和对自己职业形象价值的认识也达到了前所未有的高度。因此，职业形象设计在细节上也必须体现出个人风格。职业形象的功能在于交流和自我表达，在于打造个人的品牌，如果在形象上千篇一律，没有个性，即使再得体、再职业化也是不成功的。

要想打造出自己的个人风格，首先要在形象顾问的协助下对皮肤、相貌、体形、内在气质进行对比、测量和分析，了解到自身的优

缺点，然后再针对这些细节去寻找最适合的设计：服装用色、款式、质地、图案、鞋帽款式、饰品风格与质地、眼镜形状与材质和发型等。

每个人都有属于自己独一无二的优点和气质，也许你没有骄人的容貌，但有高挑的身材；没有清秀的五官，但有细腻的肌肤。问题是有没有发现自己的优点，并将它最大限度地展现出来。

二、办公室行为形象

办公室是一个人员云集、良莠难分的小社会，办公室礼仪能让职员赢得大多数人的好感，尽快融入其中，营造良好的人际关系，使得职业生活愉快并且富于效率。办公室礼仪涵盖的范围其实不少，但凡电话、接待、会议、网络、公务、公关、沟通等都有各式各样的礼仪。

1. 办公室的着装要庄重大方

在办公室工作，服饰要与之协调，以体现权威、声望和精明强干为宜。男士最适宜穿黑、灰、蓝三色的西服套装。女士则最好穿西装套裙、连衣裙或长裙。男士注意不要穿印花或大方格的衬衫；女士则不宜把露、透、短的衣服穿到办公室里去，否则使内衣若隐若现很不雅观。

在办公室里工作不能穿背心、短裤、凉鞋或拖鞋，赤脚穿鞋也不适合。戴的首饰不宜过多，走路摇来摇去的耳环会分散他人注意力，叮当作响的手镯也不宜戴。

2．办公室的礼貌不可轻视

在办公室里对上司和同事们都要讲究礼貌，不能由于大家天天见面就将问候省略掉了。"您好"、"早安"、"再会"之类的问候语要经常使用，不厌其烦。同事之间不能称兄道弟或乱叫外号，而应以姓名相称。对上司和前辈则可以用"先生"或其职务来称呼，最好不要同他们在大庭广众之下开玩笑。

去别的办公室拜访同样要注意礼貌。一般需要事先联系，准时赴约，经过许可，方可入内。在别的办公室里，没有主人的提议，不能随便脱下外套，也不要随意解扣子、卷袖子、松腰带。未经同意，不要将衣服、公文包放到桌子和椅子上。公文包很重的话，则放到腿上或身边的地上。不要乱动别人的东西。在别的办公室停留的时间不宜太久，初次造访以20分钟左右为准。

接待来访者要平等待人，而不论其是否有求于自己。回答来访者提出的问题要心平气和，面带笑容。绝不能粗声大气，或者用拳头砸桌子来加重语气。

对在一起工作的女同事要尊重，不能同她们拉拉扯扯、打打闹闹。在

工作中要讲男女平等，一切按照社交中的女士优先原则去做未必会让女同事高兴。

3．办公室的行为检点慎行

在办公室行为要多加检点。尽量不要在办公室里吸烟，更不要当众表演自己擅长的化妆术。如果很想吸烟或需要化妆，则应去专用的吸烟室或化妆间。若附近没有这类场所，则只好借助于洗手间。

办公时间不要离开办公桌，看书报、吃零食、打瞌睡一定会引起上司的不满。私人电话接起来没完没了会招致同事们的白眼，而坐在办公桌上办公或将整个腿跷上去的样子都是很难看的。

要避免口衔香烟四处游荡，不要与同事谈论薪水、职务升降或他人隐私。遇到麻烦事，要首先报告给顶头上司，切莫诿过或越级上告。在外国老板面前打同事们的小报告，常会被当作不务正业，弄不好会丢掉自己的饭碗。

小贴士1-2：避免消极的身体语言

- ★ 避免抓耳挠腮、摸眼、捂嘴等具有说谎嫌疑的动作。
- ★ 避免双臂交叉在胸前，它表示抵触、抗议、不屑一顾、防范。
- ★ 腿脚不要不停抖动，它在告诉别人你内心紧张、不安。
- ★ 不要做不必要的身体移动，这样会显得你紧张、焦虑。

三、办公室语言形象

在办公室里与同事们交往离不开语言，但是你会不会说话，俗话说"一句话说得让人跳，一句话说得让人笑"，同样的目的，但表达方式不同，造成的后果也大不一样。在办公室说话要注意哪些事项呢？

1．不要人云亦云

老板赏识那些有自己的头脑和主见的职员。如果经常别人说什么你也说什么，那么你在办公室里就很容易被忽视了，你在办公室里的地位也不会很高了。有自己的头脑，不管你在公司的职位如何，你都应该发出自己的声音，应该敢于说出自己的想法。

2．不要与人争执

在办公室里与人相处要友善，说话态度要和气，要让人觉得有亲切感，即使是身处一定的职位，也不能用命令的口吻与别人说话。说话时，更不能用手指着对方，这样会让人觉得没有礼貌，让人有受到侮辱的感觉。虽然有时候，大家的意见不能够统一，但有意见可以保留，对于那些原则性并不很强的问题，有必要争得你死我活吗？的确，有些人的口才很好，如果你要发挥自己的辩才，可以用在与客户的谈判上。如果一味好辩逞强，会让同事们敬而远之，久而久之，你不知不觉就成了不受欢迎的人。

3．不要做骄傲的孔雀

如果自己的专业技术很过硬，如果你是办公室里的红人，如果老板非常赏识你，这些就能够成为你炫耀的资本了吗？骄傲使人落后，谦虚使人进步。再有能力，在职场生涯中也应该小心谨慎，强中自有强中手，倘若哪天来了个更加能干的员工，那你一定马上成为别人的笑料。倘若哪天老板额外给了你一笔奖金，你就更不能在办公室里炫耀了，别人在恭喜你的同时，也在嫉恨你呢！

4．不要拉家常

总有这样一些人，他们特别爱侃，性子又特别直，喜欢和别人倾吐苦水。虽然这样的交谈能够很快拉近人与人之间的距离，使你们之间很快变得友善、亲切，但心理学家调查研究后发现，事实上只有1%的人能够严守秘密。所以，当你的生活出现个人危机，如失恋、婚变之类，最好还是不要在办公室里随便找人倾诉；当你的工作出现危机，如工作上不顺利，对老板、同事有意见、有看法，你更不应该在办公室里向人袒露胸襟。任何一个成熟的白领都不会这样"直率"的。自己的生活或工作有了问题，应该尽量避免在工作场所里议论，不妨找几个知心朋友下班以后再找个地方好好聊。说话要分场合、要看"人头"、要有分寸，最关键的是要得体。不卑不亢的说话态度，优雅的肢体语言，活泼俏皮的幽默语言……这些都属于语言的艺术。当然，拥有一份自信更为重要，懂得语言的艺术，恰恰能够帮助你更加自信。娴熟地使用这些语言艺术，你的职场生涯会更成功!

小贴士1-3：你知道谈话的禁忌吗

★ 社交场合态度傲慢、自以为是、高声辩论!

★ 公共场合旁若无人地高声谈笑，我行我素、高谈阔论。

★ 对对方一无所知且毫不感兴趣的事情——喋喋不休!

★ 谈话时左顾右盼，东张西望，注意力不集中!

★ 对方工资收入、财产状况、个人履历、服饰价格等私人生活方面的问题。

★ 妇女年龄，是否结婚。

★ 男子不要参与女人之间的"闺房"谈话，也不要与个别女性长谈不休。

★ 疾病、死亡、灾祸等不愉快的话题。

★ 不要继续追问对方不愿回答的问题，对方反感的问题要立即道歉。

第三节　服饰形象为你增添自信

莎士比亚曾说："服饰往往可以表现人格。"在人际交往中服饰在很大程度上反映了一个人的社会地位、身份、职业、收入、爱好及一个人的文化素养、审美品位等。即使我们沉默不语，我们的衣着与体态也会泄露我们过去的经历，服饰一直被认为是传递人的思想情感的"非语言信息"。服饰的礼仪文化往往体现着一个人的素养与内涵。

服饰形象是一门艺术，它既要讲究搭配协调，也要注意场合、身份。同时它又是一种文化的体现。服饰形象可以从三个方面来表现。

一、仪表协调

仪表，即人的外表，包括容貌、服饰、举止、姿态、风度等。服饰是仪表的重要内容，在人的整个仪表中占有相当大的比例。在政务、商务及社交场合，一个人的仪表不但可以体现他的文化修养，也可以反映他的审美趣味。穿着得体，不仅能赢得他人的信赖，给人留下良好的印象，而且还能够提高与人交往的能力。相反，穿着不当，举止不雅，往往会降低一个人的身份，损害一个人的形象。

所谓仪表的协调，是指一个人的仪表要与他的年龄、体形、职业和所在的场合吻合，表现出一种和谐，这种和谐给人以美感。对于年龄来说，不同年龄的人有不同的穿着要求，年轻人应穿得鲜艳、活泼、随意一些，体现出年轻人的朝气和蓬勃向上的青春之美。而中老年人的着装则要注意庄重、雅致、整洁，体现出成熟和稳重。对于不同体形、不同肤色的人，就应考虑到扬长避短，选择合适的服饰。职业的差异对于仪表的协调也非常重要。比如，教师的仪表应庄重，学生的仪表应大方整洁，医生的穿着也要力求显得稳重而富有经验。当然，仪表也要与环境相适应，在办公室的仪表与外出旅游时的仪表当然不会相同。

【案例一】有位女职员是财税专家，她有很好的学历背景，常能为客户提供很好的建议，在公司里的表现一直很出色。但当她到客户的公司提供服务时，对方主管却不太注重她的建议，她发挥才能的机会也就不大了。一位时装大师发现这位财税专家在着装方面有明显的缺憾：她26岁，身高147厘米、体重43公斤，看起来机敏可爱，喜爱着童装，像个26岁的小女孩，其外表与她所从事的工作相去甚远，所以客户对于她所提出的建议缺乏安全感、依赖感，所以她很难实现自己的创意。这位时装大师建议她用服装来强调出学者、专家的气势，用深色的套装，对比色的上衣，镶边帽子来搭配，甚至戴上黑边的眼镜。女财税专家照办了，结果，客户的态度有了较大的转变。很快，她便成为公司的董事之一。

【案例二】一位女推销员在美国北部工作，一直都穿深色套装，拎一个男性化的公文包；她调到阳光普照的南加州后，仍然以同样的装束去推销商品，结果成绩不够理想。后来她改穿色彩淡雅的套装和洋装，换了一个女性化一点的皮包，使自己有了亲切感，着装的这一变化，使她的业绩提高了25%。可见，随着社会经济、文化的发展，如何得体、适度的穿着已成为一门大有可为的学问。对寻职或在职的女性而言，服装的风格成为第一个原则，尤其在工商界、金融界和学术界，打扮过于时髦的女性，并不占优势，人们对服装过于花哨怪异者的工作能力、工作作风、敬业精神和生活态度，一般都会持有怀疑态度。

二、色彩搭配

服装色彩是服装感观的第一印象，它有极强的吸引力，若想让其在着装上得到淋漓尽致的发挥，必须充分了解色彩的特性。如暖色调（红、橙、黄等），见图1-1，给人以温和、华贵的感觉；冷色调（紫、蓝、绿

ETIQUETTE

等），见图1-2，往往使人感到凉爽、恬静、安宁、友好；中和色（白、黑、灰等），见图1-3，给人平和、稳重、可靠的感觉，是最常见的工作服装用色。恰到好处地运

用色彩的观感，不但可以修正、掩饰身材的不足，而且能强调、突出你的优点。在选择服装外饰物的色彩时，应考虑到各种色调的协调与肤色，选定合适的着装、饰物。

职场服装的色彩搭配分为三大类：对比色搭配、补色搭配和近似色搭配。

1．对比色搭配

对比色搭配是指两个相隔较远的颜色相配，见图1-4，如黄色与紫色、红色与青绿色，这种配色比较强烈。在进行服饰色彩搭配时应先衡量一下，你是为了突出哪个部分的衣饰。不要把沉着色彩，例如深褐色、深紫色与黑色搭配，这样会出现和黑色"抢色"的后果，令整套服装没有重点，而且服装的整体表现也会显得很沉重、昏暗无色。

2．补色搭配

补色搭配是指两个相对的颜色的配合，见图1-5，如红与绿、青与橙、黑与白等，补色相配能形成鲜明的对比，有时会收到较好的效果。黑白搭配是女性职场着装永远的经典。

3．近似色搭配

近似色搭配是指两个比较接近的颜色搭配，见图1-6，如红色与橙红或紫红相配，黄色与草绿色或橙黄色相配等。

低彩度、低纯度是普通职场女性首选色彩。中高管女性为了树立权威形象，对比色搭配是不错的选择，见图1-7。

图1-1 暖色调

图1-2 冷色调

图1-3 中和色

图1-4 对比色搭配

图1-5 补色搭配

图1-6 近似色搭配

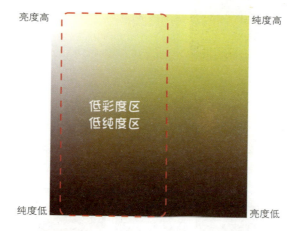

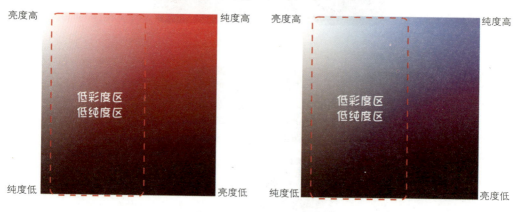

图1-7 低彩度、低纯度

三、场合着装

场合着装又名T.P.O场合着装，是指依据不同的场合着装规则进行服饰搭配，打造完美形象。T.P.O是西方人最早提出的服饰穿戴原则，它分别是英文Time(时间)、Place(地点)、Occasion(场合)或Objective(目的)的缩写。就是告诉人们在着装时要考虑时间、地点、目的这三个要素。

1．正式社交场合的男士着装礼仪

在重要会议和会谈、庄重的仪式以及正式宴请等场合，男士一般以西装为正装。一套完整的西装包括上衣、西裤、衬衫、领带、腰带、袜子和皮鞋。

（1）上衣。衣长刚好到臀部下缘或差不多到手自然下垂后的大拇指尖端的位置，肩宽以探出肩角2厘米左右为宜，袖长到手掌虎口处。胸围以系上纽扣后，衣服与腹部之间可以容下一个拳头大小为宜。

（2）西裤。裤线清晰笔直，裤脚前面盖住鞋面中央，后至鞋跟中央。

（3）衬衫。长袖衬衫是搭配西装的唯一选择，颜色以白色或淡蓝色为宜。衬衫领子要挺括；衬衫下摆要塞在裤腰内，系好领扣和袖扣；衬衫领口和袖口要长于西服上装领口和袖口1~2厘米；衬衫里面的内衣领口和袖口不能外露。

（4）领带。领带图案以几何图案或纯色为宜。系领带时领结要饱满，与衬衫领口吻合要紧；领带长度以系好后大箭头垂到皮带扣处为准。

（5）腰带。材质以牛皮为宜，皮带扣应大小适中，颜色以黑色为宜，样式和图案不宜太夸张。对于腰

围较大的男士，可改用吊带将裤子固定住。

（6）袜子。袜子应选择深色的，切忌黑皮鞋配白袜子。袜口应适当高些，坐下跷起腿后不露出皮肤为准。

（7）皮鞋。搭配造型简单规整、鞋面光滑亮泽的式样。如果是深蓝色或黑色的西装，可以配黑色皮鞋，如果是咖啡色系西装，可以穿棕色皮鞋。轧花、拼色、蛇皮、鳄鱼皮和异形皮鞋，不适于搭配正式西装。

【特别提示】西装应在拆除袖口上的商标之后才可以穿着。西装外套上的口袋只是装饰性的，一般不装东西。西装上衣里面最好不穿毛衣或毛背心，以更好体现西装的层次感。站立状态时应将纽扣系好。双排扣的上衣，纽扣要全部系好。单排扣的上衣，三粒扣的以系中间一个或者上面两个为宜；两粒扣的应该系上面的一个扣，单粒扣的一定要系好。

2.正式社交场合女士的着装礼仪

在重要的会议和会谈、庄重的仪式以及正式宴请等场合，女士着装应端庄得体。

（1）上衣。上衣讲究平整挺括，较少使用饰物和花边进行点缀，纽扣应全部系上。

（2）裙子。以窄裙为主，年轻女性的裙子下摆可在膝盖以上3~6厘米，但不可太短；中老年女性的裙子应在膝盖以下3厘米左右。裙子里面应穿着衬裙。真皮或仿皮的西装套裙不宜在正式场合穿着。

（3）衬衫。以单色为最佳之选。穿着衬衫还应注意以下事项：衬衫的下摆应掖入裙腰之内而不是悬垂于外，也不要在腰间打结；衬衫的纽扣除最上面一粒可以不系上，其他纽扣均应系好；穿着西装套裙时不要脱下上衣而直接外穿衬衫。衬衫之内应当穿着内衣但不可显露出来。

（4）鞋袜。鞋子应是高跟鞋或中跟鞋。袜子应是高筒袜或连裤袜。鞋袜款式应以简单为主，颜色应与西装套裙相搭配。

【特别提示】着装不要过于暴露和透明，尺寸也不要过于短小和紧身，否则会给人以不稳重的感觉。内衣不能外露，更不能外穿；穿裤子和裙子时，不要明显透出内裤的轮廓；文胸的肩带不能露在衣服外面。穿裙服时着丝袜，能增强腿部美感。腿较粗的人适合穿深色的袜子，腿较细的人适合穿浅色的袜子。

★ **过分时髦**

现代女性热爱流行的时装是很正常的现象，即使你不去刻意追求流行，流行也会左右着你。有些女性几近盲目地追求时髦。例如有女秘书指甲上同时涂了几种鲜艳的指甲油，当她打字或与人交谈时，都给人一种厌恶的压迫感。一个成功的职业女性对于流行的选择必须有正确的判断力，同时要切记：在办公室里，主要是表现工作能力而非赶时髦的能力。

★ **过分暴露**

夏天有些职业女性不够注重自己的身份，穿起颇为性感的服装。使才能和智慧被淡化，甚至还会被看成轻浮。因此，再热的天气，应注意自己仪表的整洁、大方。

★ **过分正式**

一般职场上，过于正式的服装会给人压迫感和距离感，如西服套装，尤其是黑色西装穿着时要慎重选择。职业女性的着装应朴素端庄为宜。

★ **过分潇洒**

最典型的样子就是一件随随便便的T恤或罩衫，配上一条泛白的"破"牛仔裤，丝毫不顾及办公室的原则和体制。这样的穿着可以说是非常不合适了。

★ **过分可爱**

在服装市场上有许多可爱、俏丽的款式，也不适合工作中穿着。这样会给人幼稚、不稳重的感觉。

★ 买廉价衣服、鞋，戴廉价的首饰。

★ 穿破旧、过时的衣服，看起来就是失败者。

★ 穿非自然材料、寒酸的衣服，看起来就很懒散、不修边幅。

ETIQUETTE

23

★ 展示一维空间形象——敏锐、酷或者粗犷。

★ 穿着太伶俐，如同可爱的孩子，用过多的小玩意儿装饰。

★ 加强你身体的缺陷（太胖、太瘦、太高、太矮），减弱你身体的优势。

★ 衣着传递的信息不能让人困惑——你的衣着应永远是积极的、与自己的风格相统一的宣言。

★ 不适宜的装饰物，过分的耀眼而显得俗气。

★ 穿着无品位，过于乏味平淡，不让人感到振奋。

★ 把昂贵和廉价的服饰搭配起来，它整体看起来劣质、廉价，因为廉价、劣质服饰总是突出醒目。

★ 当你需要穿着雅致、精细时，却穿着随便、休闲。

★ 陪同你的人穿着随便、不当。

★ 穿着与年龄不符，成熟的人穿得像个青少年，年轻者却穿得过于老成。

★ 刻意让自己穿着随便，以为如此会让自己与大家融为一体，显得随和，但事与愿违，你在降低自己，也不尊重他人。

★ 做了时尚的奴隶，毫无思想地服从时尚，其中很多服饰并不适合你。

★ 接受服装店的人向你推荐，卖给你服装，而不是为你服务。

第四节　举止礼仪塑造优雅风度

举止是指人的动作和表情。日常生活中人的一抬手、一投足，一颦一笑，都可概括为举止。举止是一种不说话的"语言"，能在很大程度上反映一个人的素质、受教育的程度及能够被别人信任的程度。在社会交往中，一个人的行为既体现他的道德修养、文化水平，又能表现出他与别人交往是否有诚意，更关系到一个人形象的塑造。从容潇洒的动作，给人以清新明快的感觉；端庄含蓄的行为，给人以深沉稳健的印象；坦率的微笑，则使人赏心悦目。因此，我们在交往中应该使自己成为举止优雅的人。在职场和商务活动中，站、坐、走的姿势和手势、微笑等都有讲究。

一、站姿礼仪

古人云"立如松"，站的姿态应该是自然、轻松、优美的。不论站立时摆何种姿式，只有脚的姿式及角度在变，而身体一定要保持绝对的挺直。标准的站立姿式要求挺胸收腹，两肩平齐，双臂自然下垂。双腿靠拢，脚尖张开约30度，或双脚与肩同宽。站累时，脚可后撤半步，但上体仍须保持垂直，身体重心在两腿正中，精神饱满，表情自然。与人谈话时，要面向对方站立，保持一定距离，太远或过近都是不礼貌的。站立姿势要正，可以稍弯腰，切忌身体歪斜、两腿分开距离过大，倚墙靠柱、手扶椅背等皆为不雅与失礼姿态。站着与人交谈时，双手下垂或叠放下腹部，右手放在左手上；不可双臂交叉，更不能两手叉腰或将手插在裤袋里，或下意识地做小动作，如摆弄打火机、香烟盒，弄衣带、发辫、咬手指甲等；可随谈话内容适当做些手势。穿礼服或旗袍，绝对不要双脚并列，而让两脚之间前后距离 5 公分，以一只脚为重心。向长辈、朋友、同事问候或作介绍时，不论握手或鞠躬，双足应当并立，相距10公分左右，膝盖要挺直。等车或等人，两足的位置可一前一后，保持45度角。女性站立的正确姿势：最好是一只脚略前，一只脚略后，两腿贴近，双手叠放在下腹部。

二、坐姿礼仪

坐姿总的要求是舒适自然、大方端庄。在职场交往中，对入座和落座都有一定要求。入座时，动作要轻盈和缓，自然从容；落座要轻，不能猛地坐下，发出响声，起座要端庄稳重。

正确坐姿：上身自然挺直，两臂屈曲放在双膝上，或两手半握放在膝上，手心都要向下。谈话时，可以侧坐。女士侧坐时上身正向前方，两腿同时向一侧。同时，要注意双膝靠拢，脚跟靠紧。不要有摆弄手指、拉衣角、整理头发等懒散的姿态。两腿的摆法：既不能过于前伸，也不能过于后展，更不能腿脚摇晃。

不雅坐姿：两膝分开，两脚呈八字形；两脚尖朝内，脚跟朝外；在椅子上前俯后仰，或把腿架在椅子或沙发扶手上、架在茶几上；两腿交叠而

坐时，悬空的脚尖不能向上，更不能上下抖动或摆动；与人谈话时，勿将上身往前倾或以手支撑着下巴。坐姿要依据不同场合，与环境相适应。如一般沙发椅较宽大，不要坐得太靠里面，可以将左腿跷在右腿上，显得高贵大方，但不宜跷得过高。女士尤其应注意，不能露出衬裙，有损美观与风度。在公共场所不要趴在桌子上，躺在沙发上，半坐在桌子或椅背上。

三、步态礼仪

行走的姿式极为重要，因为人行走总比站立的时候多，而且一般又都在公共场所进行，人与人相互间自然地构成了审美对象。行走时，步态应该自然，目视前方，身体挺直，双肩自然下垂，两臂摆动协调，膝关节与脚尖正对前进方向。行走的步子大小适中，自然稳健，节奏与着地的重力一致。与女士同行，男士步子应与女士保持一致。

总之，走相千姿百态，没有固定模式，有的人矫健，有的人轻盈，有的人显得精神抖擞，有的人显得庄重优雅，只要与交际场合协调并表现出自己个性的步伐，应该是正确的。

走路时应注意的事项：应自然地摆动双臂，幅度不可太大，只能小摆。前后摆动的幅度约为45度，切忌做左右的摆动。应保持身体挺直，切忌左右摇摆或摇头晃肩。膝盖和脚踝都应轻松自如，以免浑身僵硬，同时切忌走"外八字"或"内八字"。多人一起行走时，不要排成横队，不勾肩搭背。遇急事可加快步伐，但不可慌张奔跑。

四、手势礼仪

在职场交往或商务场合中，手势作为一种交流符号，具有十分重要的意义。了解和熟悉某些常见的手势，有助于更准确地相互理解和交流。否则就容易产生误解。例如，有些中国人爱以食指指点着别人说话，这往往会引起欧美人士的极大反感，因为在欧美这是不礼貌的责骂人的动作。

中国人习惯手臂前伸，手心向下，弯动手指，示意"过来"；而在欧美，这一动作却是招呼动物的表示。欧美人招呼人时，是将手掌向上伸开，伸曲手指数次；在中国，这一动作又被误解为招呼幼儿或动物。在大部分中东和远东国家，一个手指表示"性手势"，所以用一个手指召唤人是对人的侮辱。在这些国家以及葡萄牙、西班牙和拉丁美洲国家，用手召唤人的正确姿势是：手心向下，挥动所有手指或挥动手臂。竖起大拇指，表示"好"和"行了"，通行于世界多数国家；而在澳大利亚，这个手势是粗野的。在希腊人和尼日利亚人面前摆手是对他的极大侮辱，手离对方越近侮辱性就越大。美国人手指弯曲，手心向前，拇指与食指弯曲合成圆圈，表示"OK"；在日本和中国却表示钱；在拉丁美洲则是低级庸俗的动作。

五、微笑礼仪

微笑，是人类最基本的表情。微笑，似蓓蕾初绽，真诚和善良，在微笑中洋溢着感人肺腑的芳香。微笑的风采，包含着丰富的内涵。它是一种激发想象力和启迪智慧的力量。在顺境中，微笑是对成功的嘉奖；在逆境中，微笑是对创伤的理疗。

微笑令人遐想，回味无穷，给人美好的感觉。微笑是人人皆会流露

的礼貌表情，不仅为日常生活及其社交活动增光添彩，而且在经济生活中也有无限的潜在价值。而这"微笑"就是礼仪中最简单、最通常的表达方式，也是人们亲切友好、最具美感的表情。

不管怎样的事情，都请安静地微笑吧！这是人生。我们要愉快地接受人生，而且勇敢地、大胆地、永远地微笑着。

小贴士1-6：常见的不良举止

★ 随意使用手机

手机是现代人们生活中不可缺少的通信工具，如何通过使用这些现代化的通信工具来展示现代文明，是生活中不可忽视的问题。如果事务繁忙，不得不将手机带到社交场合，那么至少要做到以下几点：将铃声降低，以免惊动他人；铃响时，找安静、人少的地方接听，并控制自己说话的音量。如果在车里、电梯中、餐桌上、会议室等地方通话，尽量使你的谈话简短，以免干扰别人。如果手机响起的时候，有人在你旁边，你必须道歉说："对不起，请原谅"，然后走到一个不会影响他人的地方，把话讲完再入座。如果有些场合不方便通话，就告诉来电者说你会打回电话的，不要勉强接听而影响别人。

★ 随便吐痰

吐痰是最容易直接传播细菌的途径，随地吐痰是非常没有礼貌的，而且绝对影响环境、影响我们的身体健康。如果你要吐痰，把痰吐在纸巾上包好，丢进垃圾箱，或去洗手间吐痰，但不要忘了清理痰迹和洗手。

★ 随手扔垃圾

随手扔垃圾是应当受到谴责的最不文明的举止之一。从车窗扔垃圾也是缺乏修养的一种表现。

★ 嚼口香糖

有人有嚼口香糖的习惯，那么，在公众场合，咀嚼的时候应闭上嘴，不要发出声音。并把嚼过的口香糖用纸包起来，扔到垃圾箱。

ETIQUETTE

第一章 形象是第一竞争力

★ 挖鼻孔或掏耳朵

有些人，习惯用小指、钥匙、发夹等当众挖鼻孔或者掏耳朵，这是一个很不好的习惯。尤其是在餐厅或茶坊，别人正在进餐或喝茶，这种不雅的小动作，往往令旁观者感到非常恶心，这是很不雅的举动。

★ 挠头皮

有些人头皮屑多，时常在公众场合忍不住头皮发痒而挠起头皮来，顿时皮屑飞扬四散，令旁人大感不快。特别是在庄重的场合，这样是很难得到别人的谅解的。

★ 抖腿

有人坐着时会有意无意地双腿颤动不停，或者让跷起的腿像钟摆似地来回晃动，而且自我感觉良好，以为无伤大雅。其实这会令人觉得很不舒服。这不是文明的表现，也不是优雅的行为。

★ 打哈欠

在交际场合，打哈欠给对方的感觉是：你对他不感兴趣，表现出很不耐烦了。因此，如果你控制不住要打哈欠，一定要马上用手盖住你的嘴，接着说："对不起。"

第二章
融洽的关系助你玩转职场

ETIQUETTE

精神健康的人，总是努力地工作及爱人，只要能做到这两件事，其他的事就没有什么困难。

——弗洛伊德

我个人认为，我们输给人家的地方是生活以及工作的观念和态度。

——王永庆

不要将不好的情绪带到工作中去。

——拉·封丹

工作就是人生的价值，就是人生的欢乐，也是幸福之所在。

——罗丹

第一节　与同事的相处之道

在同一个职场工作的同事之间，应该是互相尊重、互相支持、互相配合的协作关系。良好的同事关系能够帮助职场新人迅速地融入新的工作平台。同事之间相互以诚相待，以礼相待是一门礼仪，更是一门艺术。同事之间相处之道的基本原则是相互尊重，在这一基本原则的指导下，如何遵循同事之间相处的礼仪，是创造和谐的办公环境、增加职场魅力指数的关键。

一、感受团队气氛，从心理上接受

个人与团队的关系，如同浪花与大海，一朵浪花再大，都不可能产生浪涛，只有融入了大海，浪花才可以在阳光中翻滚闪耀。当职场新人进入一个新的团队时，总会有一个从陌生到熟悉的过程。只身一人来到一个陌生的环境，心理上总还是会有一些隔阂。要想尽快融入团队，首先就要从心理上接受这个团队，感受团队的气氛。

20世纪美国著名的人际关系学大师戴尔·卡耐基（Dale Carnegie）说过：一个成功的职场人，只有15%靠他的专业知识，另外85%主要靠人际关系和处世技巧。一个人，如果从心理上有意愿、有信心和其他人交往，总是可以很快地融入一个团队。融入团队对自己以后的职场发展是大有好处的。人与人之间如果没有交流、没有沟通、没有交际、忽略对方的存在，这是一件非常难受、非常尴尬的事情。在任何一个职场环境里，如果选择"两耳不闻窗外事"，不和其他团队的成员沟通、处好关系，只是一味埋头苦干，或许工作业绩会有所提升，但是在被团队孤立的情况下，职位是不可能得到提升的，工作业绩的提升也是有限的。

所以，怎样更好地融入团队，是作为一个职场新人必须了解的内容。

1.端正工作心态

既来之，则安之。在任何职场工作，都不能只求索取，不讲奉献。每逢年底，总会听到身边有人早早谋划着年底领完双薪或者年终奖就离职。和他们一聊，发现几乎都是抱怨公司对自己不够重视，或者工资待遇不够，等等。但是反问他们为公司做了什么，做的事情是不是和拿的薪资成正比的时候，很少有人能坦然地点头说是。所以，不讲奉献，朝三暮四，做事总是心不在焉的员工，怎么会有人喜欢？别说领导不满意，连同事也不会认同。

作为职场新人，应该端正自己的工作态度，调整工作心态，踏实地做好本职工作，这才是快速融入一个团队的基础。

2.遵守规章制度

"无规矩不成方圆"。任何企业都有一套完整的、切实可行的管理制度。这种管理制度是带强制性的。在你签下工作合同的那一刻起，不管你喜欢或者不喜欢这些制度，你都必须接受，并且遵守这些制度。特别是作为一个新人，遵守规章制度是最基本的职业道德的体现。学习员工守则，熟悉企业文化，以便在规章制度的范围内行使自己的职责，发挥所能。

有些人总会说："规矩不都是人打破的吗！""为什么要遵守不合理的制度呢？"这些话不是不对，而是看由谁来说。作为一个刚刚进公司的员工，连同事的名字都还没有记全，就想来改变公司的制度或者规矩，又有几个人会支持你呢？这些话还是留在心里，以后再说吧。

3.上班不做私事

很多新人以为既然定了岗，就可以无拘无束，高枕无忧了。尤其自己的工作都完成以后，就利用上班的时间做些私事，比如看报纸、杂志，上网聊天，甚至占用公司电话和朋友"煲电话粥"。这些都是工作的大忌，是妨碍融入工作团队的大忌。试想，如果你正在认真忙碌地工作，发现办公室里有个新来的同事在一边听着音乐，悠闲地喝着咖啡，可能这个新同事给你留下的第一印象一丝丝好感就会在这一刹那分崩离析。所以，作为一个团队的一员，当你自己的工作做完时，可以关心一下其他同事需不需要帮助。伸出援手能够帮助你更快融入这个团队。

4.敢作敢为

看了以上几点，很多人会误以为说：作为职场新人，是不是意味着要做一只"缩头乌龟"？其实并不是这样的。很多公司为了考核新员工，考察新员工的办事能力，会出一些难题给新员工做。这些难题，甚至有些是老员工也不敢做。这样做的原因并不是为了给新员工"下马威"，或者说是故意刁难，而是希望通过注入的这些"新鲜血液"，能够处理过去无法处理的问题。所以，作为职场新人遇到这样的情况，就不应该推托，应该果断地接下来，认真负责地、尽全力地把难题处理掉。其实，即使实在处理不了，或者结果不尽如人意，公司方面也不会对你有什么负面的看法，反而觉得这个新人还是很有胆量，不推托工作，敢作敢为。又有哪家公司，愿意留用事事推诿的员工呢？

小贴士2-1：注意倾听时的肢体语言

倾听时的肢体语言也很重要。如果在听别人说话时东张西望，或者脸上露出不耐烦的表情，或者神情显得无精打采，或者与己无关。这些行为都会让谈话者感觉到被漠视、被轻视，从而使得这次谈话达不到预期的效果。所以，在倾听别人说话时，要表情自然，保持适当的眼神接触，不要做小动作。这里特别提醒的是，眼神的接触时间不要过长，一般在3~5秒比较适宜。一直目不转睛地盯着，谈话的人会感到不自在、尴尬。另外，在谈话过程中最好不要频繁地随意看表，虽然可能你并不是赶时间，也不是不耐烦。但这个动作很容易让谈话者有这样的错觉。

二、职场新人，低调做人

有这么一种说法：如果把26个英文字母A～Z中的A设定为1分，B设定为2分，C设定为3分，以此类推，Z设定为26分。怎样才能做到100分呢？聪明（Smart）才仅仅得到71分（19+13+1+18+20），显然光聪明是不够的；知识（Knowledge）得到96分（11+14+15+23+12+5+4+7+5），具备渊博的知识会得到高分，但依然不是满分；而态度（Attitude）才是掌握命运的全部（1+20+20+9+20+21+4+5）。很多人会说，这仅仅只是巧合。但世间事物的存在必然有它的道理，古人用这么简单的方法告诉我们：态度决定一切。

作为职场新人，需要持什么样的工作态度呢？最基本的就是低调做人的态度。

由于初出茅庐，你对这个公司是陌生的。但同样地，这个公司对你也几乎是一无所知。知道的可能只是招聘时那几张A4纸上陈述的一系列事实，却不知道你的个性、你的表情、你的肢体语言、你的做事方法和你为人的态度。所以，在一个崭新的环境开始一份新的工作，对于你自己来说，是一个让你从零开始塑造完美形象的机会。把握这个机会，从低调做人开始。

1. 低调做人，能够减轻压力

从心理学的角度来说，低调可以使你显得谦虚，并且降低其他人对你的期望，能够减轻压力感。其实大家应该都有过类似的经历：学生时期，考试结束后父母都会询问考得怎样。聪明的孩子都会故作失落地说："没考好"、"一般"、"不咋样"。无论真实情况如何，父母都会想，"哎呀，这孩子这次没考好，算了，算了，能够及格就不错了。"如果当考试成绩公布后孩子的成绩"出乎意料"，还不错，父母肯定会非常开心。这比一开始以为你可以得80分，而你得了90分要高兴许多。因为期望值设定得越低，当事实超越期望值越高，兴奋度也就越高。

不仅如此，低调做人也是自我减轻压力的一种方法。古代打仗之前，每个军队都会整顿军务，目的就是让士兵们清理掉不需要的东西，这就是所谓的"轻装上阵"。背着厚重包袱的士兵怎么能打胜仗呢？打架也是同样的道理，都说："打架时，不怕玩命的，就怕不要命的。"如果连命都可以不要，怎么可能打不赢对手呢？对于刚刚踏入社会、踏入职场的新手来说，会面临各种各样的机遇，同时也会面对许多竞争。急于想证明自己能力的人往往会在这种环境下产生越来越多的思想包袱。这些包袱积久了，就变成了压力。所以，既然明白了这个道理，干脆就舍弃这些、忘记这些，以轻松恬然的心态面对压力。而为人低调，能够在降低了别人对你的期望值的同时，也降低了自己对自己的期望值。这样，心理所承受的压力也就小了许多。

2.低调做人，能够建立良好的人际关系

【案例一】小邱大学毕业后的第一份工作是在一家五星级酒店餐厅当服务员。在20世纪90年代，他算是餐饮部门的"高材生"。由于小邱对餐饮这行完全是个"白板"，所以从未和同事们提起过他的学历。其实并不是故意隐瞒或者不屑谈论，而是他觉得这个高学历和现在的工作没有任何的关系。由于他为人较为随和，做事也很认真，同事们渐渐地接受了他，还有位师姐认他做了徒弟，手把手教他做事。两三个月后的某天，餐饮部总监来餐厅巡视。由于总监是个美国人，不会讲中文，见小邱是个新面孔，就主动上前用英文询问小邱工作的情况。小邱自然用英文流利地和他交谈。小邱的同事对他的英文水平感到非常吃惊。事后，部门经理才告诉他们小邱是大学生，同事们都用佩服的眼神看着他。

试想一下，如果小邱一开始就"戴着"高学历的高帽子开始工作，他的同事们还会对他这么好吗？谁会愿意和一个自以为是、高高在上的人共事呢？当他真正遇到困难的时候，会有人伸出援助之手，主动为他指点迷津吗？

河流最终都会流向大海是因为大海的地势最低。这样，它才成为了世界上资源最丰富的地方。低姿态做人，才能更容易接纳别人，别人也更容易和你相处，从而建立起良好的人际关系。但是低调做人并不是意味着撒谎或者欺骗，而是要在与人交往的过程中谦虚、真诚，以平常心和别人相处，取长补短，积蓄更多的知识和能量。

三、多看、多听、多做，少说话

初入一个崭新的环境，人生地不熟，要多看、多听、多做，少说话。因为并不了解情况，如果轻易地对一些事情发表看法或是评论，很容易因

所言不符实际，误解别人而导致矛盾或受人轻视。

1. 多看

多看就是看看别人是怎么做事的。有很多学生到酒店实习后都向老师抱怨，为什么天天就让他们擦杯子、端盘子，一天到晚干这些不用动脑的体力活，能学到什么。每当这时老师们都会反问他们，他们在做这些事情时，有没有注意到其他同事，或者他们的上级在做什么。其实有些事情不是一开始就通过动手操作而学会的。而是先通过看，通过观察，看别人是怎么做的，然后自己单独进行实际操作时，就能够很快得心应手了。所以，"看"，是学习过程中的第一步。

2. 多听

"听"，是用耳朵一心一意地、专心地获得口头信息。而多听，是职场新人初入职场后，自我学习的有效方式之一。下面分享一个童话故事：

【案例二】小猫长大了。有一天，猫妈妈对小猫说："你已经长大了。从今天开始，你就要学会自己觅食了，不能再喝妈妈的奶了。"小猫疑惑地看着妈妈，问道："不喝妈妈的奶，那我喝什么呢？"妈妈指了指小猫那双小耳朵，说："你仔细听听周围的人们都说了什么，你就知道了。"于是，小猫就每天躲在人们屋子的房檐上偷偷聆听人们的谈话。它听见一个妇人对孩子说："把香肠挂在房梁上，小心被小猫偷吃了。"它又听见一个妻子对丈夫说："你别把吃剩的奶酪、肉松什么的就这样放在桌上，小猫鼻子很灵的。"它还听见一个大人对孩子说："小猫最喜欢吃鱼和牛奶了，你喜欢吃什么啊？"

就这样，小猫很开心地回去对猫妈妈说："妈妈，果然像你说的一样，只要我认真聆听，人们会教我该吃什么的。"

这个故事告诉我们，要打开你的耳朵，有选择性地聆听会让你学会更多。

3．多做

酒店业的员工，新人开始工作时，一般都在操作间做准备工作。要做些什么都不清楚，只能听从别人指挥。个别"老人儿"经常会叫"新人"做这做那。做多了，新员工开始怀疑他叫自己做的事是不是自己职责的范围，怀疑是不是老员工假公济私，让新员工替他们做了很多工作，难免心生抱怨。但是做久了就发现，老员工叫自己做的事，确实是自己岗位应该做的事。所以，不要有小人之心，要有自知之明；不要认为自己很能干，什么都懂，甚至对其他同事指手画脚。

另外，也不要老觉得自己怀才不遇，似乎自己的才识得不到赏识，从而对新的职业环境感到不满。想要得到赏识，就必须做出点成绩。只要做出了成绩，领导会主动给你奖励。凭空就想得到领导的赏识，怎么可能呢？不要斤斤计较，小里小气的。"吃亏是福"，刚刚上岗的人，多做一些事就当是一种学习、一种锻炼，积累经验而已。做得多了，其他同事自然也就更容易接受你，更把你看作是自己团队的一员。

四、说话，说什么话，怎样说话

在职场工作时肯定要和同事说话，但要注意说什么样的话以及怎样说话。

1．好事要通报

职场新人要多做事，少说话。但遇到公司发物品或者领取奖金的此类好消息时，如果先知道了，或者先领到了，不要一声不响地闷头做事，要向其他同事通报一下。但此时，也要注意通报的艺术。不要进了办公室就大喊大叫地"宣布"：这月奖金涨了！这样做可能会打扰其他同事的正常工作，甚至招来同事的不满，觉得这人怎么大惊小怪的。所以，这时最好把这个好消息先分享给几个关系较好的同事，用正常的语调和声调告知即可。也不要过分神秘，造成你和某几个同事交头接耳的景象，这样会使其他同事觉得你们之间有什么不可告人的秘密，不利于良好职场关系的发展。

不仅如此，如果过节日，公司发礼品、物品时，有些是可以帮着代领的，应该尽量帮别人领一下。特别如果你是男生，而办公室的大部分同事是女生时，这更是表现你的"男子气概"以及"绅士风度"的最佳时机。

这样能够博得同事的好感，会对你留下好印象，下次有好事自然也不会忘了你。

小王被招聘到某研究所。他所在科室的同事绝大多数是女性。每个季度，研究所都会给每个员工发放大米、食用油、洗衣粉等生活物品以表示公司对员工的关心。因此，每到发物品的时候，小王都主动帮其他同事把物品领回办公室或者帮同事把东西搬到车上。很快，"勤劳的搬运工"这个美名就在公司传开了，大家都知道公司新来了个为人热情又勤快的小伙子。

只不过是费了点力气罢了，何乐而不为呢？

2.传话要热情

这里的"传话"，主要是指同事之间的留言，或者访客给同事的留言。比如有同事外出办事，或者出差了，这时正好有人来找他，或者正好打电话找他，作为在同一职场工作的同事，无论你们之间是否存在竞争关系，你都不妨告诉他们。如果你明明接到了留言或者电话，却隐瞒不说，或者表现出事不关己的态度，这都是不诚信、不成熟的工作方式。而且，"没有不透风的墙"，一旦被人知晓，同事之间的关系就势必会受到严重的影响。所以，无论情况如何，你都要表现出真诚和热情的态度，替同事传话。

如果你有事要外出，或者出差，要和办公室的同事打个招呼。即使只是临时有事外出，也要和同事交代一声。这样，如果有其他部门同事、领导或者访客来找你，也好让同事代为转告。互相"传话"，这既是工作需要，也是联络感情，增强同事彼此之间信任的一种健康有效的方式。

3.忌流言蜚语

办公室里的八卦新闻最能影响情绪，如果是别人的事情，还可以一笑了之；如果事情落在自己身上，千万要小心应对。

【案例三】小雪是某酒店销售部的员工，她工作非常认真，业绩也不错，因此受到经理的赏识。经理经常找她单独谈话，由于两人家住得比较近，小雪偶尔也会搭经理的顺风车回家。很快，公司里就传开了他俩关系暧昧的流言。不仅如此，很多人开始质疑小雪的工作业绩，猜测很多工作都是经理帮她做的。小雪最终受不了这种猜测和造谣，不得不申请辞职，离开了酒店。

"谣言止于智者"。这句话不仅告诫人们不要"以讹传讹",更告诉那些被谣言困扰的受害者,如何止住谣言。

（1）第一步：保持淡定的心态。"身正不怕影子斜"。既然不是事实,是谣言、是诽谤,那就没什么好动怒的。千万不要听到后大吵大闹。这样反而会损害自己的形象,降低自己的素质。这时,应该显示出自己的大度,保持微笑,坦然处之,坐怀不乱。

（2）第二步：寻找相信自己的人。面对谣言,最怕的就是孤立无援。所谓"众口铄金",意思就是每个人如果都这样说,白的也可以说成是黑的,假的也可以说成是真的。因此,你要利用平时积累的人际关系,找到支持你、相信你的同事,让他们明白事实的真相,让他们潜移默化地帮助你击退谣言。

（3）第三步：选择一个恰当的时机,公开事实。谣言之所以会产生,是因为有一部分所谓的"秘密"没有被大家知晓。如果所有的事情大家都清楚、都看到,也就没有谣言了。选择一个恰当的时机,把事实真相告诉给所有人,虽然不能确保百分之百的人都能够相信,但至少会有部分人怀疑谣言的真实性。

（4）第四步：及时调整自己的行为方式。谣言也不是空穴来风。上面例子,如果不是因为小雪一开始没有注意和领导或者和其他同事保持一定的距离,也不会出现这种谣言。特别是工作成绩比较优异的员工,更是会招人妒忌和猜忌。既然这样做会引起误会,即使这只是谣言,也要反省自己,及时调整自己的行为方式。

4.忌背后批评

不要背后批评别人,也不要听别人批评别人。这句话看上去有些拗口,其实,这个世界上,特别是在职场里,很难说有永远的朋友,或者永远的敌人。当本来的"互利"变成"互害"时,在利益上有了冲突,原来的朋友可以变成敌人;相反,利益上的结合,也可以使以前的敌人变成今天的朋友。

在批评任何人之前都要认真思考："这个人和我是对立的原因究竟

是什么？我为什么要批评他？是不是因为他如今的职位和立场问题，让他不得不和我对立？那会不会有一天他不在这个职位，这个问题也就不存在了？那我又何苦批评他，留人话柄？"所以，在批评别人之前，先问问自己，批评的原因是这个人，还是这件事本身？一个成熟的职业人要懂得"对事不对人"的道理。因为有一天，你也可能换成对方的立场。

同样地，办公室里肯定会有同事问你对第三者的看法。也许他的目的只是无聊，想了解一些同事的八卦。但他也可能是在"套你的话"，等待你说出一些他想要的话时，"批斗大会"也就开始了。当你发现他的目的是套话时，记住，一个字也不能说。那么在一般闲谈中遇到有人套话怎么办呢？这里教你一招：如果你发现对方要批评与你相关的人，最好的办

法，就是马上转换话题。否则，对方一旦说出了口，麻烦也就产生了。特别是一些敏感话题或者敏感人物，更应该懂得分寸，不乱嚼舌根。背后谈论他人或窥探他人隐私是一种不光彩、不道德的行为。而且你永远都不知道，今天你说的话，事后会不会被当事人得知。

五、互相尊重，保持一定距离

进入职场，同事之间相互尊重是处理人际关系的基础。同事之间的关系不同于亲友之间的关系，因为它并不是以亲情或者友情作为纽带的社会关系。亲戚或朋友和你的关系是建立在血缘或者多年感情基础上的，有良好而相对稳定的感情基础。所以，亲友之间的一时失礼，还可以用亲情来弥补；而同事之间的关系是以工作为纽带的，一旦失礼，感情伤口很难愈合。

同事之间的关系注意以下几点：

1.尊重其人格

同事之间由于存在性别、年龄、阅历、家庭背景以及文化水平等各个方面的差异。所以要尊重每个同事人格上的不同，要尊重他们做事的态度，表现出来的就是对所有同事一视同仁。对上级领导和对一般同事要一视同仁；对前辈和晚辈一视同仁；对一线员工和后勤员工一视同仁。这样才是尊重对方人格的体现。要以宽容的心、宽阔的胸襟对待每一位同事。

2.尊重其隐私

特别是在对同一工作间的同事，无论他在看什么、听什么、写什么，只要不是主动要和你分享，最好做到"非礼勿视、非礼勿听、非礼勿看"。不要刻意追问，也不要刨根问底，更忌讳去翻看同事办公桌上的任何东西。每个人都有不愿让别人知道的隐私，特别是对同事的私事，更要做到尽量避让，不干预的态度。人和人之间的信任就是因为这些点点滴滴而逐渐产生的。

3.保持一定距离

每天24小时，除了和家人在一起以外，接触时间最长的可能就是同事了。但是"同事"并不是"朋友"。这两者还是有很大差别的。当然，也不是说所有的同事都不能够成为朋友。工作多年以后就会发现，由同事变成好朋友的人，一只手都数得过来。不要把同事之间的"友善"当作是"友谊"。保持一定距离是非常重要的。

距离产生美的道理大家都知道。和同事之间保持一定距离，是初入职场的新人必须学会的相处之道。需要注意以下几点：

- ★ 尊敬前辈，切忌和前辈勾肩搭背。
- ★ 绝对不和异性同事搞暧昧，最好也不要发生办公室恋情。
- ★ 尽量不要和同事之间有金钱上的纠葛。
- ★ 不要向同事"倒苦水"。
- ★ 尽量保持和所有同事都搞好关系，"一视同仁"。
- ★ 做办公室情绪的环保者。

六、做办公室情绪环保者，给自己加分

追求快乐是人的本能，每个人都会发自内心，愿意接近那些能给自己带来快乐的人，远离那些整日愁眉苦脸的人。这就是快乐吸引快乐法则。所以想做办公室的社交明星，首先要让自己快乐起来，然后给别人带来快乐。

办公室就像一个气场，任何一个污染因子都会破坏气场的稳定性。比如大老板今天一个灰暗的脸色，就会像一团乌云笼罩在整个公司。当你明白你无意识的情绪污染，很可能成为办公室环保情绪的破坏者时，不妨学着做一个办公室的情绪环保者。

1.学习讲一些幽默的笑话

幽默的天赋不是任何人都可以具备的，但勇于讲话是第一步。办公室那个幽默的人，总是成为更多人关注的中心。所以不妨苦练几招幽默的本领，如果不会，至少要勇于参与办公室的笑话场。

2.笑迎同事让自己阳光灿烂

每天都学习寻找一种方式，让自己快乐。比如，穿戴漂亮被同事夸

ETIQUETTE

第二章 融洽的关系助你玩转职场

奖一下，比如中午能吃上自己最爱的饭菜。从一些生活的小细节中寻找快乐的来源，知足常乐。并且快乐的时候一定要和同事分享，即使是一个阳光灿烂的笑容，也可以照亮同事，照亮整个办公室。那么，你的快乐气场挡也挡不住。

3.强化自我消化情绪垃圾的能力

心中不爽，发泄是必要的。发泄完了，自己当然轻松了，但是，要记住人际关系必须有其必要的距离。负面情绪像流行性感冒一样，会传染给别人。如果你真有不快，可以找值得依赖的好朋友聊聊，或者找专业的心理医生聊聊。多选择那些独立、自我超越郁闷的活动，比如外出吹风、运动等，这样会锻炼你自我消化情绪垃圾的能力。

4.学会感恩珍惜、知足常乐

如果你总把自己想成是全世界最悲惨的人，你是办公室里的"女窦娥"，那么你就会总有冤屈在心里。久而久之，你自己可能都有一种错觉，你就是全天下最悲惨的人。为什么不想象着自己是那个幸运的人？学会感恩和珍惜，这样你看上去是不是气色好多了？你的脸上是不是充满由心里所生发来的知足和快乐？

5.让办公室像家一样欢声笑语

有这样一类人，他们经常收拾自己的家时，干净整洁，不留一丝瑕疵。但是在公众场所，他们往往肆无忌惮地破坏环境。职场中人应该意识到工作场合是一种公众环境，需要自己好好爱护啊。是的，我们喜欢让自己的家充满欢声笑语，觉得那才是幸福，为什么不让办公室也像家一样，总是欢声笑语，阳光明媚？毕竟，你一天有大部分的时间是在办公室度过的。

【案例四】

培训会、电梯、食堂——办公室外的三大职场

小白领渺渺每天中午12点左右准时去食堂吃饭，可前两天吃饭时的经历，让渺渺从此改变了习惯——要么11点半去吃，要么12点半去吃。"除非不得已，否则我再也不在12点去食堂了。"渺渺有些懊恼，"12点，食堂里人满为患，我端着餐盘转了好几圈，才找到了一个空桌子。可坐下刚

开始吃没多久，就有人坐在了我对面。正有点不快，抬头一看，居然是我的上司。手心和鼻尖，顿时紧张得出了汗。"渺渺和上司打了个招呼后，不知道说什么好，憋了半天，才说今天的菜有点咸云云。然后三口两口把饭吞下，便"告退"了。

回到办公室，渺渺心里翻来覆去不是滋味，一边觉得后怕，怎么会在吃饭时碰到上司，一边又觉得后悔，怎么自己说了"菜太咸"之类的无聊话，都不说点有用的。但不管怎么样，渺渺都不想再在食堂里遇见上司了："那天我难得一个人吃饭，就遇上了上司，以后一定要和别人结伴，还要'错峰'！"

大概对于渺渺来说，食堂就是办公室外的一大职场了。在我们的调查中，"培训时和上司一个组"、"电梯里和上司独处"、"食堂里和上司同桌"，被选为最考验人的三大办公室外的职场。此外，还有"私人活动时偶遇上司"、"坐班车时和上司同车"等。

职场不一定只在办公室，许多办公室以外的场合也都有可能暗藏着职场斗争，比如，公司食堂、上下班班车、外出学习培训场合，甚至是每天都要乘坐的电梯。大多数人害怕在这些场合遇到领导、上司，因为会觉得尴尬，觉得没有话可说；也有些人很喜欢这些场合，因为可以利用这些看似轻松的氛围拉近和别人的关系。在职场打拼的你，又是否能玩转这些办公室以外的职场呢？

请试着回答以下问题：

1. 对待办公室以外的职场，你的态度是？

- 怕，看见领导能躲则躲。
- 还好，反正也不是工作场合，大家都平等。
- 喜欢，终于有机会和领导近距离接触。

2. 你觉得以下哪个场合最考验人？

- 食堂里吃饭，同桌或邻桌坐着领导。
- 电梯里遇到领导，而且只有我们俩。
- 培训时和领导分到一个组，还要讨论发言。

■ 坐班车碰到和领导同车。

■ 逛街、看电影等私人活动时，偶遇领导。

3.以下说法，你同意哪个？

■ 办公室外的职场应当好好利用，利用好了，事半功倍。

■ 想在职场上胜出，应该靠真本事，不要投机取巧。

■ 一个人在办公室外的职场上的表现，完全由个人的性格决定，无可厚非。

第二节 与领导的相处之道

领导也是人，领导也是从基层员工做起的。但对于职场新人，领导同时是你的前辈，从工作的角度看，领导就是领导，下属就是下属。领导与被领导的关系是为了更好地做好工作而形成的，不仅仅依据年龄大小或者阅历深浅形成的。所以，下属要尊重领导、服从领导、维护领导尊严。虽说和领导关系的好坏并不能说明你的工作能力，但是会直接影响一个人在公司的发展前途。想明白这个道理很容易，换位思考。

一、拉进和领导的距离

如果你是部门领导，要提拔一个下属来做你的副手，你是选择一个平时对你大呼小叫、没大没小、你指东他往西的人，还是选择一个有礼貌、热情主动、办事麻利认真的人？所以，拉近和领导的距离，很重要。为此，职场中人都为怎样和领导相处伤透脑筋。其实，和领导相处也不是那么困难，只要掌握一定的礼仪规范，规避一些禁忌，相处时也可以轻松自如。

1.尊重

总的来说，领导无论是在资历、威望、自尊心上都比一般的人高出许多。作为下属，就应该维护领导的威望和自尊。当然不可能对刚刚认识的人，或者不熟悉的人做到真心的维护。所以，首先应该做到尊重对方，从心理上尊重领导，才能在日常工作中做到尊重并且保持谦虚的态度。特别是在公开场合尤其应该注意。即使与领导的意见有出入，也应该私下和领导沟通。

除了尊重领导的权威，还要尊重领导的决定。对领导分配的工作，一定要服从安排。特别对新职员来说，刚刚开始工作，经验、能力等各方面都会有所欠缺。这时，对领导分配的工作，更加应该持不怀疑、坚决认真执行的态度。当然，有可能领导的指挥是错误的。因此，在执行过程中要多和领导沟通，让领导了解事情的发展经过。这样，如果事情最后结果和预期不一致时，才不会因为不了解而责怪你的能力。

2.行为、语言需多注意

对上级的称呼应该严肃、认真，要注意分清场合。现如今，在职场上，有很多对领导不礼貌的称呼。例如，把"黄局长"叫成"黄局"，把"胡处长"叫成"胡处"。特别是正式场合，必须使用正确规范的称呼。新员工，更应该清楚领导的头衔、职务和姓名。可以向老同事请教，也可以查看员工的花名册。要尽快熟悉公司领导和同事的姓名以及职位，见面才能准确地打招呼。

除了熟悉称呼以外，还要注意打招呼的目的是向对方表达一种敬意。如果态度不好，或者行为举止不恰当的话反而会适得其反。与领导见面时，应该热情主动地打招呼。面带微笑，不要过于夸张或者惺惺作态。如果正好遇上领导在和其他人说话，那么就微笑点头示意即可。与领导握手时，要注意，一定要等上级伸手后再伸手，掌握力度和握手的时间。

3.吃饭也是一门学问

在西方社会，很多公司的主管，特别是中高层主管和一般员工的餐厅都是分开的。这并不是受陈旧的阶级观念的影响，而是为了避免在用餐期间，主管之间的对话被员工听见，再断章取义地传播出去。

和领导共进午餐，在很多人看来，是领导对自己的一种肯定，或是荣誉。但你想想，如果你是个普通职员，今天中午居然和公司高层领导同桌吃饭，办公室其他同事难道没有想法？如果你是新员工，更多的人会猜测你和公司高层领导的关系，是某领导的亲戚？那流言蜚语就会接踵而至："肯定是走后门进来的"、"我说她怎么那么年轻就进我们公司了呢"、"学历是真的假的"、"那以后她肯定要骑到我们头上来了"……

所以，即使和领导一起用餐，也绝不谈公事。回到办公室用闲谈的方式告诉一些关系较好的同事中午和领导用餐时谈话的非公事内容，以及和领导一起用餐的原因。如果涉及公事，即使知道的只是片段，讲的事也是确有其事，也一个字都不能说。要知道，这世界上是无所谓"小部分秘密"。人都有"打破砂锅问到底"的本性，只要知道一部分秘密，就一定要知道全部。如果你知道的只是片段，别人难道不会猜想你是不是知道得更多，只是不肯告诉他们？你能保证你不会为了炫耀就添油加醋地开始胡侃？

领导永远是领导，上级永远是上级，永远不要开上级领导的玩笑。不要期望在工作岗位上能和他成为朋友，甚至"铁哥们"。即使你们以前是同学或是好朋友，也不要自恃过去的交情在工作场合开玩笑，特别是有其他人在场的情况下，尤其应该注意。不要说开玩笑了，说话也不能太随便。

二、摆正自己的位置

1. 怀着一颗感恩的心

领导和下属的关系，是人类社会长期发展产生的一种特殊的人际关系，是一种"伦理"。虽然有些"伦理"看似不合理，但既然产生了，必然有它存在的道理。

曾经有个学生在博士毕业论文答辩之后，答辩的教授对他说："说实话，你在这方面研究了那么多年，你才是这方面的专家。我们刚才的这些提问，其实不是在考你的知识水平，而是在向你请教。"这个学生听罢，再三鞠躬解释说："是教授您指导我的方向，也是您给我的机会。如果没有这个机会，我又怎么表现呢？"

所以，一个人在自鸣得意时，千万不能忘本，要怀着一颗感恩的心。要认识到是谁提供给自己施展才艺的舞台？是你的公司、是你的上司、是你的领导。要心存感激并且珍惜。

当你成功时，领导可以分享你成功的果实和喜悦。但你想过没有，如果失败，又是谁在帮你承担着责任？"一将功成万骨枯"，战场上的小兵都说，为什么拼刺刀的都是我们，为什么名留青史的都是将军？但是当他说这句话时，他有没有想过：首先，哪个将军不是从小兵做起的？将军也是经历过"白刀子进，红刀子出"的奋斗才能坐到今天的位置；其次，当打了败仗，那些承担责任的，哪个不是将军，为什么不是杀人的小兵？一个团队的领导者，意味着他承担着这个团队的责任。要对给你机会表现的领导表示感激。

2.适当的"无知"是"大智"的体现

【案例】小陈跟着处长受某工厂邀请去谈合作事宜。小陈的大学同系师妹英子得知这个消息非常开心。因为小陈在上学时就是系上的高材生，而且是这方面的专家。小陈一行人到工厂之前，英子就得意地告诉周围的同事关于这个学长的"光辉事迹"。哪知在工厂参观的整个过程中，小陈都一直跟在处长身后，一副一问三不知的样子，哪怕是一些简单的操作技巧问题，小陈都不回答，还不断地问处长。当小陈一行人离开后，英子的同事都嘲笑英子这个所谓的能干的学长怎么跟个"呆头鹅"似的。

英子委屈极了，找到小陈责问道："你今天真是让我丢够了脸，当着一大堆同事的面，我恨不得挖个洞钻进去。为什么明明你都懂的东西，还去问你们处长，他懂个屁啊！""他懂个屁？"小陈喝了口茶，笑了笑："我虽然是我们处长身边的红人，我们处里的业务骨干，这些我们处长知道就行了，为什么要去你们厂里显摆？再说了，他也是学这个的，就算过时了，他总是处长啊！"

这个故事讲完了，大家也许发现了一个问题就是："年轻人应该如何表现自己"？看上去"无知"的小陈是真的无知吗？

一个职场新人，在刚刚进入职场时，常常败在不知道及时表现自己，或者过度地表现自己。有时，你越表现，越得意，越让别人反感。而相反地，那个在处长身后默默地以幕僚姿态出现的小陈，则懂得如何恰当表现自己，因为他清楚地认识到："处长也是学这个的。"如果处长完全是个外行，那么小陈作为业务骨干、内行专家代为解说，那是理所当然的事情。但是，当自己的领导也是内行人的时候，有些话，就让领导去说。一味地抢风头，只会让领导觉得"你比我还内行"的感觉。

人人都爱表现，有半桶水的人，都自以为是半个专家；而每个专家，都希望自己是专家中的专家。但如果你表现得比一个专家更加专家，这样造成的场面会多尴尬呢？所以，适时的"无知"能够让你避免这类的尴尬。

三、汇报工作要有技巧

完成任务后，下属向领导汇报工作是一项重要的工作内容。要想做好这项工作，先应该明白汇报工作的目的是什么。

汇报工作其实是下属和领导对这项工作情况的一种沟通，并在此基础上希望领导能够认同你的工作想法或者认可你的工作成绩。所以，汇报工作时必须以严肃、严谨的态度来汇报工作，掌握汇报工作的礼仪和技巧。

1.遵守时间，把握时间

遵守时间是必须遵守的一个基本礼仪。特别对汇报工作的下属来说，跟上级领导汇报工作时一定要准时，迟到是非常不礼貌的行为。其实不仅仅是迟到，早到也不是正确的礼仪，过早到达可能会打扰领导正常的工作进程。比约定的时间提前五分钟等在门外，到时轻轻敲门，等听到应答后再进去。

汇报期间要注意把握时间，时间不宜过长。因为大多数上级领导都很忙，时间有限。所以汇报时要尽可能简短，最长不能超过半个小时。这样，当你说完以后，还有时间可以和领导进行交流，领导也有时间提问。说得太多、说得太久，领导如果连话都插不上，还怎么继续开展工作？

2.结构清晰，把握重点

有一个职员在跟领导汇报工作时，眼睛死死地盯着手上的稿子，用极为平稳的语调，马不停蹄地念完整整四页的工作材料。汇报完后，领导愣了几秒钟，缓缓地说了一句："她刚刚说了什么？谁来再说一次？"这说明了两个问题：第一，汇报工作时要讲究语速、语调；第二，汇报工作时要把握重点。

汇报工作的最终目的就是让领导了解你汇报的内容。那么，对一些次要问题的说明语速可以稍快一些，语调也可以略显平和。但对关键问题、重点问题，一定要加强语气，慢慢说、重复说，以达到让领导理解和领会你的意思。同时，在汇报工作时应该注意音量。声音太大，会显得嘈杂，影响正常思考；声音太小，会容易被认为是不自信、恐惧胆怯的表现，这样直接影响了汇报的说服力。另外，汇报时还要注意用词要恰当。尽管口头汇报不用像书面汇报材料那样字斟句酌、雕章琢句，但原则上还是要做到用语规范、准确精练。

在汇报工作时，如果你的手机突然响了，正确的礼仪应该是直接挂掉，不要接听。如果再次打来，这时可以接听电话，侧过身小声说："对不起，我现在有事，一会儿回你电话。"如果是领导有重要来电，应该以眼神向领导示意是否需要回避。

四、提建议的语言艺术

领导也是一个平凡人，总会有说错话、办错事的时候。如果你是刚刚入职的新人，如果你是刚刚踏进这行的"菜鸟"，奉劝你最好不要向领导提建议。原因是：因为你是新人，因为你是"菜鸟"。毕竟多数领导都是资深员工，对于你来说是前辈。或许领导在工作上有不尽如人意的地方，但是这个错误、这个建议最好不要由你来提。不过，如果有必须要提的建议、必须要指出的错误的时候，那么应该怎么向领导提建议呢？

1.肯定+赞美

既然你是下属，既然领导是前辈，那么首先就要尊重领导的决定，肯定他办事的方法。不要太自以为是，或许只是由于自己目光短浅而误会了领导的一片深意。所以在提建议、提意见之前，必须先肯定领导的决策并且适当进行赞美。语言是彼此沟通的桥梁，赞美的语言是绝不会吃闭门羹的。这样也有助于打开话题，循序渐进地引出你想要说的重点。

2.恰当的时机+恰当的方式

做什么事情都讲究一个时机，就像运动员赛跑一样，必须要在发令枪打响的那一刻越过起跑线，提前开始跑就是犯规，成绩作废。运动员什么时候开始跑，讲究的就是一个时机。提建议也是一样，要在领导心情愉悦、心平气和的时候。至少不能选一个领导怒气冲冲的时候，像这种时候，没有人会冷静下来、理智地听你中肯的建议。都说忠言逆耳，既然都知道听的人不会开心，如果还选择一个本就不适宜的时机，那说什么都是浪费。

除了时机，方式也很重要。口头的方式固然比较诚恳，在交流沟通的同时也能够审时度势。但是口头建议不够正式，领导也未必专心倾听。因此，可以选择用书面的方式，简明扼要地写出你的建议以及这样做的理由。这样，也可以避免口误或者用语有不礼貌的情况。

3.做好准备

这里说的准备主要指提建议之前和提建议之后。提建议之前，应该做好有根有据地提出建议的准备，对你提出的观点进行充分的了解，并且提出的建议要有条理、可行、有效。提建议之后，应该做好建议不被领导采纳的心理准备。毕竟决策权由领导掌握，无论你觉得自己提出的建议有多么完美、多么高明，也不要指望领导一定会无条件采纳。如果没有被采纳，也千万不能当面驳斥领导，甚至背后责怪领导昏庸。

小贴士2-5：向领导提建议的几种经典句式

★ "多亏您的指点，我才想到……"

★ "您对这类事情的经验比我丰富多了，您觉得如果……，这样做怎样呢？"

★ "我记得上次您在会上提到过……"

★ "您这样做效果其实应该也不错，不过上次总裁提到过……"

第三章
良好的沟通是职场第一要务

ETIQUETTE

做一个好听众，鼓励别人说说他们自己。

——戴尔·卡耐基

管理者的最基本功能是发展与维系一个畅通的沟通管道。

——巴纳德

谈话的艺术是听和被听的艺术。

——赫兹里特

良好的沟通是职场第一要务，沟通能力在职场成功中起着决定性的作用。那么，究竟什么是沟通呢?沟者，构筑管道也；通者，顺畅也。沟通的目的是让对方达成行动或理解你所传达的信息和情感，即沟通的品质取决于对方的回应。有人可能会说，我并不是沉默的人，我也经常参与同事之间的交谈，为什么和同事之间的关系平平；也有人总觉得自己的意见得不到领导或是同事的重视，甚至总会被忽略。其实，只要掌握一定的技巧和方法，就能够在工作中适当地表达自己的意见和要求，同时也能建立良好的人际关系。

第一节　与同事、上司的沟通技巧

进入职场之后，我们将接触和认识形形色色的人，很多职场新人都难免会觉得同事和自己的习惯或想法都不太相同。另外，新同事毕竟是陌生的，即使有意见或建议也不敢说、不会说。同事间的人际关系需要从零开始建立，这样往往会让人不适应或是觉得很拘束。目前60%的办公室问题都是因沟通不良产生的，30%的离职症状都来自沟通不畅。事实上，如何与上司、同事和下属沟通已经成为职场的凸显的首要问题。

新入职场，和同事相处是一件十分重要的事情。同事关系融洽与否，更是衡量职场幸福指数的重要指标。处理好与同事及领导之间的关系，也是每位职场新人的必修课。

一、与同事沟通

很多人由于不熟悉新的工作环境，就不敢说话，甚至一直保持沉默，其实这样更加不利于融入新环境。首先需要尽快地熟悉通讯录和周围需要接触的同事，然后要尽可能快地掌握自己的工作内容，这样可以较快地参与同事们的日常工作，在与人合作中来建立最初的人际关系。渐渐地，和同事们熟悉，尽快融入职场生活。

【案例一】日语专业的小李到一家大型日资企业的文秘岗位进行实习。因为企业文件中许多专业词汇在学校没有学习过，内向的小李担心实习老师批评她有太多不懂而不敢主动去咨询，每天只是默默地在办公室查字典。

【招数】建立自信心，提高主动性。

【启示】有些职场新人觉得自己没有经验、不了解情况，总是唯唯诺诺，躲在别人身后。其实职场新人没必要因为没有经验就失去自信。如果担心做得不好，最好和老员工多沟通，多向上级请教，不要陷入负面的思考中。

作为职场新人，其实周围的同事或上司一开始是不会责怪或是因为一点点错误来否定你的，借着这样的一个时机，尽快地学习和熟练地掌握自己的业务技巧和工作内容，这才是职场新人最需要做的。同时，对于职场新人，能力再强心态也要平和一些，期望值调低一些，抱着学习的心态才会得到更多机会。

【案例二】张欢大学毕业后顺利进入一家待遇不错的事业单位工作，但她发现身边的同事大部分是70后，很难找出共同语言。"同事们在一起谈的都是孩子、房子、车子，我根本插不上嘴。"久而久之，和同事的关系也就更淡了。

【招数】从平时的小细节做起，主动跟同事套近乎。

【启示】 90后生长在信息时代，喜欢用网络获取信息，他们往往忽略了现实的沟通，有了问题，习惯性地使用百度搜索，殊不知当面请教是拉近距离、增进了解的最好方式。职场新人可以在身边寻找一个有经验的"过来人"，向资深前辈请教技巧，远比独自在内心纠结要好。

ETIQUETTE

职场中形形色色的人，有不同的年龄、文化程度和成长背景等，跟这些人打交道，需要主动加入他们的话题。面对同龄人，相处起来自然会轻松一些，也容易有共同话题。而面对年长一些的同事，需要拿出请教和学习的态度，这样既能显示出谦虚的一面，又能博得他人的好感，同时也能从前辈们那里吸取经验教训。

在经过一段时间的相处之后，职场新人也渐渐进入佳境，和周围的同事们熟悉起来。怎样才能继续维持和同事之间微妙的亦敌亦友的关系呢？怎样才能利用良好的人际关系来使自己的事业进一步发展呢？

【案例三】小李是新来的同事，也是小五的老乡。为了树立小李的"光辉形象"，小五到处宣扬小李的神通广大，小李开始听到小五的赞美，觉得脸上有光，但后来听到小五老是替自己吹牛，心里隐隐觉得有点不安。国庆节，公司举办庆祝活动，人人都听说小李会唱歌、弹琴，因此都不约而同地要小李上台，让小李在台上出尽了洋相。不久，公司给地震灾区捐款，大家早就听说他是爱心人士，他只好又忍痛捐了一个月工资，但心里恨透了小五，怪他到处鼓吹。

【招数】适当的赞美才能画龙点睛。

【启示】同事之间，偶尔真诚地赞美一下对方，能让对方找到自信。但如果老是拍马奉承，则会讨人嫌，甚至还会和你翻脸。所以千万要把握好赞美的度。人际相处遵守职场礼仪即可，不必处处迎合。为了能快速融入职场，新人不靠逢迎拍马，靠自己的工作成绩和进步，也能得到认可。

【案例四】在公司里面，销售经理刘强与宣传部的张港经理就是冤家对头。每逢刘强找张港，就被皮球砸得"鼻青脸肿"，张港为人热情，表面上看很支持刘的工作，却总在不经意间把自己的任务踢给刘："你是掌握财权的领导，这事还是你负责吧？"或："如果这件事由你而不是我去联系，对方可能会更重视。"甚至说："明天吧，今天我还有紧急的私事处理！"而刘强刚进入这个公司，正急于出精彩成绩，但是最近两周总遇到这种问题，让他苦恼不已。长此下去，无功的自己只有走人了。

【招数】帮人就是帮己。

【启示】在同事之间关系出现不顺畅时，首先，要处处替他人着想，要学会从他人的角度考虑问题，善于做出适当的自我牺牲。而替他人着想还表现在当他人遭到困难、挫折时，伸出援助之手，给予帮助。良好的人际关系往往是双向互利的，您给别人的种种关心和帮助，当您需要帮助的时候也会得到回报。另外，在表达自己思想时，如果能含蓄、幽默、简洁、生动，也会起到避免分歧、说明观点、不伤关系的作用。

二、和上司沟通

在职场中，有些职场新人感觉与上司的相处非常困难。有些人觉得上司难以捉摸，上司的意图不好领会，关系远近难以把握，等等。简单的服从就OK吗？恐怕不是任何上司都喜欢下属百分之百服从。古语云"伴君如伴虎"，在当今职场上，领导就是每个普通职员心中的那只"老虎"：离得太远，怕被忽略；离得太近，怕被伤着。其实关键要看，领导愿意与你保持多远的距离。"领导"也分很多种：亲和的、严肃的；传统的、前卫的……不同的性格，决定了领导与你之间"距离"的长度，弄清这点很重要。那么，如何在和上司的相处中提出恰当的建议或是让上司发现和欣赏自己的才能，认真做好自己的事情，不要害怕流言蜚语，我们不可能让每个人都满意，凡事做到问心无愧就好。所以，多与领导进行工作上的正常沟通，不要害怕与上司交流，这样并不会有损名誉和个性，反而会成就多赢局面。

【案例五】小宋是食品公司的销售经理，他在和老板沟通工作时，每逢谈到对手增多、食品单一、味道偏淡等实际问题，老板一句也听不进去。老板只关注业绩，业绩完成得好，老板就高兴；业绩不佳，老板就吹胡子瞪眼睛。对于老板的做事方式，小宋在抱怨中感到无奈，但他懂得适者生存的道理，同时也渐渐明白了老板之所以连听都懒得听，其根本原因是不相信他。

【招数】信任突破沟通阻碍。

【启示】可见，不信任已经成为沟通的阻碍。为了取得老板的信任，小宋应该改变自己，放下架子，亲自走访市场，进行全面的市场调查，做出详细的市场分析报告。在痛心疾首地检讨自己工作不够完善后，再分析客观情况。这个故事告诉我们，其实大部分老板并不是绝对的不通人情、不讲道理，其实我们需要做的，是找到这其中的要点，选择合适、正确的方法，同时通过脚踏实地的工作来展示自己，切记不可"只靠一张嘴"。这样既能得到上司的重视，也能实现自我的职业价值。

【案例六】罗刚是销售主管，他能力出众、性格热情，刚到公司半年就成了公司里的销售明星，颇得大老板赏识。大老板总在会议上夸赞他，并号召大家向他学习。这种情况下，直接上司的态度越来越古怪了，在公司里对罗刚是爱答不理；但罗刚只要出了公司，不管是正在拜访客户还是在去拜访客户的路上，甚至在晚上10点请客户吃饭时都会接到他的"关心"电话："这个客户联系到哪一步了？他觉得我们公司怎样？他对合同还有什么不满意的？他对价格还有异议吗……"

【招数】尊重上司，及时交流。

【启示】要做好与上司的沟通，首先在心态上不能够轻视他，应尊重上司，这对自己没有任何损失；反之如果你轻率地去轻视上司，认为他水平不够，你的上司就会认为你没有教养，或因此厌恶你，从而导致你出师未捷身先死。他能成为上司肯定有其理由，就算在某一方面他确实不如你，但是综合素质必然不在你之下，譬如案例中罗刚的上司在长年累月中所积累的资源、关系、渠道、信息等销售经验通常会更加完善和充分。

【案例七】小路是饮料公司的经理，业务发展很不顺利。年终会议上，小路总结了过去业务发展中遇到的大量实际困难，总结时小路讲话的情绪一度有一些激动。岂料不久，老总下达的年度业务量高得出奇，小路度日如年，心里想着去年情况都不好，今年怎么可能完成？小路一边郁闷至极，老揣摩着是不是态度不好而得罪了老总；一边又尽力地适应老总的工作风格，寻找可能实现目标的方案。

【招数】轻松场合，东风化雨。

【启示】从上面的案例可以总结出：在提意见时，还要照顾到你的上司的心情，当公务缠身、诸事繁杂时，他未必有很好的耐心随时倾听你的建议。特别是在上司同时对你还有隔阂时，更应该采取"两条腿走路"的策略：首先上班沟通时，注意说话的态度和敬语的运用，恰到好处地表达出你的意思，由于你的坦率和诚意，即使对方不完全赞同你的观点，也不会影响到他对你个人的看法；而下班的时候，多了解上司的爱好，一起打个保龄球，或者参加一个朋友聚会等，利用轻松的场合潜移默化地消除障碍。在两面结合的沟通中最能产生效应。

【案例八】肖飞是一位业务员，他在汇报事情并向主管请教时，主管总让他自己去找解决办法。但肖飞找到的结果往往不是主管喜欢的。在多次提案以及提出意见都被拒绝后，肖飞已经不知道主管到底要的是什么了！也就是主管的要求可能已经超过肖飞的能力范围了。

【招数】引导提问，解开死结。

【启示】所谓"引导式问句"，就是鼓励讲话的一方，把简短抽象的意思，用具体的方式表达出来。引导式的问句通常包含下列关键的词语："你说的……是什么意思？""你说的……应该要怎么做？""为什么你说……""那我这么做……可不可以？"等等。通过这样的方法，可以使原本不会多说的对象全面地将问题解释清楚，你便可以得到大量的自己所需要的资料和信息。

大多数职场新人可能都会碰到以上情况，通过这些案例，我们会了解，在不同情境下，使用何种沟通方式效果更好。总的来说，职场生活并没有我们所想象的那么"危机四伏"，但也绝对不是那么简单和轻松。要先理解并习惯职场复杂的人际关系，再具体想办法去解决这些问题，把握好时机，适时且主动地融入同事们的交流圈。

首先，要主动、自信地融入到同事中去，甚至要想尽办法走进他们的圈子。不管你愿不愿意，你都必须融入同事的圈

子。而处理与同事的关系时，更不能以个人好恶为标准，看谁不顺眼就不理谁，这样只会让自己的工作陷入困境。职场上，同事之间存在利益、矛盾，关系到金钱、职位晋升等内容，已不像学生时代人际关系那么简单。但职场上也存在真挚、真诚的情谊，遇上值得深交的朋友，也要好好珍惜。此外，身为职场一员，你有时可能不得不"随大溜"，加入同事的小圈子，但不要失去原则，切不可排斥非圈子里的同事，也不能做不符合公司规定的事。

小贴士3-1：小细节，好人缘

★ 注意礼貌，搞好团结。

★ 主动问候，如早上上班说声"早上好"，下班回家说声"拜拜"。

★ 偶尔买点零食给同事，送点小礼物之类的，都能增加同事对你的好感。

★ 工作中，要谦虚谨慎，多跟同事请教、学习。

★ 平日里，多关注、赞美同事，如"你今天穿的衣服颜色真好看"等。

★ 一些小细节可能大大改变同事对你的印象和评价，从而也会影响他们对你工作上的帮助和支持。对于新人，套近乎的时候，忌太造作、太刻意，应该学会不露痕迹，恰到好处。

第二节　倾听的艺术

有一次美国知名主持人林克莱特访问一名小朋友，问他说："你长大后想要当什么呀？"小朋友天真地回答："嗯，我要当飞机驾驶员！"林克莱特接着问："如果有一天，你的飞机飞到太平洋上空，所有引擎都熄火了，你会怎么办？"小朋友想了想："我会先告诉坐在飞机上的人绑好安全带，然后我挂上我的降落伞先跳出去。"当现场的观众笑得东倒西歪时，林克莱特继续注视着这孩子，想看他是不是自作聪明的家伙。

没想到，接着孩子的两行热泪夺眶而出，这才使得林克莱特发觉这孩子的悲悯之情远非笔墨所能形容。于是林克莱特问他："为什么要这么做？"小孩的回答透露出一个孩子真挚的想法："我要去拿燃料，我还要回来！我还要回来！！"

通过这个故事，你明白倾听的艺术了吗？沟通是双向的。我们并不是单纯地向别人灌输自己的思想，我们还应该学会积极地倾听。

我们在职场甚至社会交往中，不仅要学会交谈，更要学会倾听。倾听的能力是一门艺术，也是一种技巧。倾听是了解别人的重要途径。倾听需要专心，每个人都可以通过耐心和训练来发展这种能力。有句谚语："用十秒钟的时间讲，用十分钟的时间听"讲的就是这个道理。善于倾听，是沟通成功的一个要诀。据美国俄亥俄州立大学一些学者的研究，成年人在一天里，有7%的时间用于交流思想。在这7%的时间里，有30%用于讲，高达45%的时间用于听。这说明听在人们的交往中居于非常重要的地位。

听是每个人与生俱来的能力，是一个正常的生理过程，是听觉器官对声波的一种单纯感受，如果只是被动地接受信息，或许入了耳，但入不了心。倾听是指主体行为者通过视觉、听觉等媒介接受、吸取和理解、沟通对方（或多方）思想、信息和情感的过程。在卡耐基训练的架构中，听的层次，由低到高分为5层（见图3-1）。

图3-1 听觉路径图—6SHT

第一是"心不在焉的听"，即听而不闻，如同耳边风，有听没有到，完全没听进去； 第二是"假装在听"，实际是敷衍了事："嗯……"、"喔……"、"好好……"、"哎……"，略有反应其实是心不在焉；第三是"选择性的听"：只听合自己的意思或口味的，与自己意思相左的一概自动消音过滤掉； 第四是"专注的听"：某些沟通技巧的训练会强调"主动式"、"回应式"的聆听，以复述对方的话表示确实听到，即使每句话或许都进入大脑，但是否都能听出说者的本意、真意，仍是值得怀疑； 第五是"积极用心的倾听"：一般人聆听的目的是为了做出最贴切的反应，根本不是想了解对方。所以积极用心的倾听的出发点是为了"了解"而非为了"反应"，也就是通过交流去了解别人的观念、感受。 倾听不能单独停留在初级阶段而是要向深处发展，要做到"积极用心的倾听"。

Dorothy Dix说："成名的捷径就是把你的耳朵而不是舌头借给所有的人。"就是强调了倾听在有效沟通中的重要作用。

一、倾听的技巧

1. 专注有礼

当别人和你谈话时，你应该正视对方以示专注倾听，利用自己的肢体语言表现出对说话者的尊重和礼貌，听者可以通过直视的两眼、赞许的点头或手势，表示在认真地倾听，从而鼓励说话者说下去。一般情况下，人们都会希望自己说的话能得到他人的注意，所以专注的倾听是十分必要的。

2．察言观色

在人际交往中，很多人口中所道并非肺腑之言，人们说话时往往会将所处环境和说话对象考虑到他们所说的内容中，他们的真实想法往往隐藏起来，所以我们在听话时就需要注意琢磨对方话中的微妙感情，细细咀嚼品味，以便弄清其真正意图。若体会到说话者也许有所隐藏，切记不可当场揭穿，这样是非常不礼貌的。可以事后或是在更加私密的条件下，用适当的方式提出。

3．有所收获

倾听是捕捉信息、处理信息、反馈信息的需要。一般来说，谈话是在传递信息，听别人谈话是接受信息。一个好的倾听者应当善于通过交谈捕捉信息。听比说快，听者在聆听的空隙时间里，应思索、回味、分析对方的话，从中得到有效的信息。若是处于一种特定的收集信息的环境下，可随身准备纸笔，这样可以帮助我们记录有效的信息。这种认真的态度也可以向说话者表现出自己的诚意，以博得对方更加倾心的交谈。

4．有所反应

强调听人说话要专心静听，但并不是完全被动、静止地听。最基本的，就是要和对方有眼神的交流，在听人说话时直视对方的眼睛是礼貌的一种表现，同时还可以不时地通过表情、手势、点头，向对方表示你在认真地倾听。若能适时插入一两句话，效果更好。如"你说得对"、"请你继续说下去"等。这样便使对方感到你对他的谈话很感兴趣，也会感到自己得到了尊重和支持，因而会很高兴地将谈话继续下去。

倾听的过程中并不是简单地听对方说，而是一个互动的过程，听的一方应该做出适当的反应或是恰当的对话，这样可以提高沟通交流的效果和质量，同时也能给对方留下一个好的印象，有助于拉近彼此之间的距离。

小贴士3-2：倾听的礼节

★ 不要随意打断客户

★ 找出谈话的重点

★ 肯定对方的谈话价值

★ 适时表达自己的意见

★ 配合表情和恰当的肢体语言

★ 切忌作出虚假反应

二、对话的技巧

1．发问

可以提些诸如"你认为这就是问题所在？""你的意思是……""你能说得明白一些吗？"等问题。这些提问有助于你获得更多信息，并理解问题的各个方面。许多人喜欢有人坐下来倾听别人陈述对情况的看法。如果在发问过程中，能提到说话人的一些观点，会让人觉得对方是用心地在跟自己交流，这样说话者会更加愿意分享自己的观点和意见。

2．中立

像"嗯"和"真有意思"等中性评价性语言能表示你对谈话感兴趣，并鼓励对方继续说下去。这是最难的技巧之一，因为这要求你真正跟上对方谈话的主题。在谈话的过程中，不能只注意自己关注的或是熟悉的内容，或是过多地表达自己个人的意见，应该注意说话人的实际谈话内容。

3．重复

就是用你自己的话把说话者要表达的信息重新再叙述一遍。可用"按我的理解，你的计划是……"、"你是说……"及"所以你认为……"等句式。这样说的原因是：首先有效重复是检查你是否认真倾听的最佳手段。如果你并没有注意倾听或者在思考别的问题，那就不可能准确地叙述完整的内容。有效重复表明你在倾听，并明白对方的意思。其次这也是一种精确的控制机制。复述说话者的信息，并将此信息反馈给说话者，也可以检验自己理解的准确性，可以让你尽早发现有无曲解对方。

4. 总结

试着用"你的主要意思是……"和"如果我的理解没错的话，你认为……"等说法进行适当的总结，这是对谈话内容的又一次确认，以避免曲解了对方的意见。有时候不要第一个下结论，先听他人的结论可能更有价值。也可以说"您的话给了我很多启发"等来给予对方一定的肯定，一方面表示出自己在这次对话中确实接收到有用的信息，另一方面也是表示出对说话者的感谢。

卡耐基曾与一位著名的植物学家聊天，听对方谈大麻和马铃薯的种植，结果他被对方评价为"最有意思的谈话家"。其实卡耐基本人并没有说几句话，只不过是表达出了一种受益良多，并愿意了解更多的愿望。许多人不能留给别人好的印象，主要是因为他们不注意听别人讲话，他们太专注于自己下面要讲的话。在与普通人的交往中又何尝不是如此呢？聆听别人讲话，必须做到耳到、眼到、心到。上帝给人们两只耳朵，一张嘴，其实就是要我们多听少说。多听少说，善于倾听别人讲话是一种高雅的素养。因为认真倾听别人讲话，表现了对说话者的尊重，人们也往往会把忠实的听众视作可以信赖的知己。

小贴士3-3：职场暗语你能听懂多少

★ **暗语1：夸赞你？其实是提醒你**

西西的领导常常夸她："你的人格表现很突出"，可是在提拔的时候却选择了一位个人能力比她低的同事。后来她才意识到上司过去"称赞"她个人表现突出，实际是在暗示她要注意与团队合作。

★ **暗语2：征询你？其实是让你表态**

周平的老板在会议上表达对某项提议的赞同，便转头问他的意见。他就顺势表达了意见。然而殊不知，老板所谓的"赞同"是虚话，他真实的意思却是反对。老板希望周平听懂了他的"暗语"，并出面回绝对方的要求。

★ **暗语3：给你意见？其实是否定**

暗语有时其实也会出现在同事之间。晶晶做出了一份自认为不错的策划案，在开会前和同事做了交流，"看起来很有意思，或许你可以询问一下别人的看法"，她的师兄和其他同事都这样回答她。她便满怀信心地认为是大家对她的肯定。没想到开会时，领导给出的却是质疑和敷衍。之后她才发现，同事们给予的意见仅仅是碍于面子或是出于同事关系的考量，并不是真实的回答。

建议职场人士在日常沟通中，应识别哪一些语言表达属于"暗语"，或是存在双重意义，一定要考虑到说话者所处的语境以及当下的立场，这些都是正确鉴别信息的关键因素。

第三节　善于利用通讯工具

除了面对面的交流外，电话和电脑已经成为我们生活中不可缺少的工具，甚至对于新一代的职场人士来说更是"常伴左右"的伙伴。这些工具在解决某些问题时可以帮我们避免一部分面对面的尴尬，但很多职场人士表示他们并不善于使用它们，常常会在给同事或上司打电话、发短信或是发邮件的时候犯难。

一、正确收发邮件

邮件（E-mail）是工作中常用的工具，我们可以利用它来发送各类报表或是资料，优点是可以节省时间，也可以节约纸张，避免不必要的浪费。一般的发送邮件页面如下图：

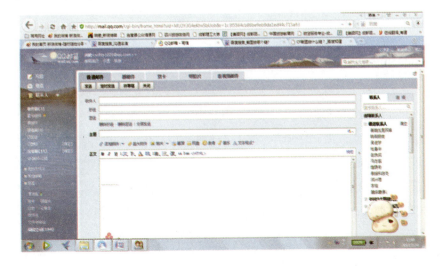

发送邮件的界面主要分为收件人、抄送、主题和正文这几个部分。下面逐一说明：

（1）收件人。收件人指你想要发送的邮件的对象，即"你想要发给谁"，即直接输入对方的E-mail地址即可。

（2）抄送。抄送是一个比较多用的功能，抄送就是将邮件同时发送给收件人以外的人。用户所写的邮件抄送一份给其他人，对方可以看见其他人的E-mail。其中有一类抄送称为密件抄送，英文名称：Blind Carbon Copy（BCC），又称"盲抄送"，和抄送的唯一区别就是它能够让各个收件人无法查看到这封邮件同时还发送给了哪些人。密件抄送是个很实用的功能，这种方式既可以保护各个收件人的地址不被其他人轻易获得，又可以使发件人节省大量抄送E-mail地址的时间。需要注意的是，收件人和抄送中的各收件人的排列应遵循一定的规则。比如按部门排列；按职位等级从高到低或从低到高都可以。适当的规则有助于提升你的形象。

（3）主题。主题要提纲挈领，添加邮件主题是电子邮件和信笺的主要不同之处，在主题栏里用短短的几个字概括出整个邮件的内容，便于收件人权衡邮件的轻重缓急，分别处理。不填写主题是最失礼的。主题要能真实反映邮件的核心内容，切忌使用含义不清的语言，如"王先生收"、"123"或是"你好"等。回复对方邮件时，应当根据回复内容需要更改主题。

（4）正文。正文是邮件主体部分，其大体的格式与书信的格式类似，包括开头称呼、正文和结尾落款这三个部分。

称呼需要恰当。①邮件的开头要称呼收件人，这既显得礼貌，也明确提醒某收件人，此邮件是面向他的，要求其给出必要的回应。②在多个收件人的情况下可以称呼大家、ALL。③如果对方有职务，应按职务尊称对方，如"×经理"；如果不清楚职务，则应按通常的"×先生"、"×小姐"称呼，但先要把性别弄清楚。④不熟悉的人不宜直接称呼英文名，对级别高于自己的人也不宜称呼英文名。称呼全名也是不礼貌的。

正文部分，包括一个简单的开头，如"您好"或"Hi"。中间部分则是需要表达自己发这封邮件的目的。若对方不认识你，第一件事应当说明的就是自己的身份，姓名或你代表的企业名是必须通报的，以示对对方的尊重，点名身份应当简洁扼要，最好是和本邮件内容以及对方关系有关，主要功能是为了使收件人能够顺利地理解邮件来意。不可开始就谈正事，别人不知道你是谁还得先看结尾落款。但点明身份也不可过多，有些联系方式之类与正文无关的信息应在签名档中表明。

E-mail 正文应简明扼要地说清楚事情，如果具体内容确实很多，正文应只作简要介绍，然后单独写个文件作为附件进行详细描述。

结尾常见的英文用 Best Regards，中文用"祝您顺利"等，若是尊长应使用"此致敬礼"。

（5）附件。附件即指在邮件中附带的文本文件或是数据报表等。如果邮件带有附件，应在正文里面提示收件人查看附件。附件文件应按有意义的名字命名，最好能够概括附件的内容，方便收件人下载后管理。附件数目不宜超过4个，数目较多时应打包压缩成一个文件。

二、电话礼仪须知

电话交流，是最为方便快捷的沟通方式。对于职场人士来说，如何接打好电话，也是需要注意的。所谓"细节出魔鬼"，越是在这样细小而日常的事情中，我们越是应该注意。

1．接电话的方法

（1）"铃响三声"原则。在电话铃声响起后，如果立即拿起，会让对方觉得唐突；但若在响铃超过三声以后再接听，是缺乏效率的表现，势必给来电者留下公司管理不善、不好的第一印象，同时也会让对方不耐烦，变得焦急。

（2）规范的问候语。在工作场合，接听电话时，首先应问候，然后自报家门。对外接待应

接听电话，铃响三声原则！

ETIQUETTE

报出单位名称，若接内线电话应报出部门名称。比如："您好，××公司"、"××大学音乐系，你好"或"你好，销售部办公室，我是××地"等。

（3）记录并引用对方的名字。在办公室工作的人员，应该有意识地训练自己的听辨能力。假如对方是老顾客，经常打电话来，一开口就能听出他或她的声音，那么可以用合适的称谓问好："您好，王经理。"这样一来，会给对方留下特别受到重视的感觉，增强对方对你的好感。

（4）接到打错的电话也应礼貌应对。接到打错的电话，千万不要不耐烦而疏忽了礼仪，礼貌应对才是有涵养的表现。

（5）应在对方挂电话后再挂电话。当对方向你说"再见"时，别忘了你也应该说"再见"，并等对方挂了以后再挂电话，最好不要一听到对方说"再见"就马上挂电话，尤其不能在对方一讲完话，还没来得及说"再见"就把电话挂了。注意挂电话时应小心轻放，别让对方听到很响的搁机声。

2. 打电话礼仪

（1）确定合适的时间。当需要打电话时，首先应确定此刻打电话给对方是否合适，也就是说，要考虑此刻对方是否方便听电话。一般说来，应避开对方的吃饭和休息时间。如早晨8点以前，晚上10点以后，给对方家里打电话是不合适的，除非有紧急的事。如果是打电话到工作单位，最好不要在星期一一大早打过去，因为，经过一个周末，对方要处理的公务也许会很多。当然，在对方快要下班的前几分钟打电话，也是不太适合的，因为在下班前，公司员工一般会对当天工作做一总结，同时安排第二天的工作计划。

（2）注意开场白。无论是正式的电话业务，还是一般交往中的不太正式的通话，自报家门都是必需的，这是对对方的尊重。

（3）通话尽量简明扼要。在做完自我介绍以后，应该简明扼要说明通话的目的，尽快结束交谈。因为，随意占用对方的电话线路和工作时间是不替对方考虑的失礼行为。在业务通话中，要注意"三分钟原则"，超过三分钟应改换其他的交流方式。

三、打手机的礼仪

当你正在电影院津津有味地看电影，突然某人的手机响了；当你正在和朋友进餐，对方的手机响了，他拿起手机旁若无人地接听，居然一说就是十分钟。这样的场景可能我们都碰到过。

随着手机的普及，在社交场所或是工作场合肆无忌惮地使用手机，已经成为礼仪的最大威胁之一，直接影响到个人的形象。在国外一些电信营业厅就采取了向顾客提供"手机礼节"宣传册的方法来宣传手机礼仪。

那么在职场及生活中使用手机时应该注意些什么，怎样做才符合礼仪，提升我们的个人素养呢？

手机在没有使用时，都要放在合乎礼仪的常规位置。放手机的常规位置有：一是随身携带的公文包里，这种位置最正规；二是上衣的内袋里。切忌不要放在桌子上，特别是不要当着正在聊天的客户。

● 拨通手机后，首先询问对方此时是否便于接听，尤其对于身居要职的大忙人时。

● 如果开会或出席社交活动时不得不接听电话，正确的做法是暂时离开房间或远离人群，并降低声调。

● 不要在别人能注视到你的时候查看短信。一边和别人说话，一边查看手机短信，是对别人不尊重。

● 来电铃声应该尽可能不引人注意，过于搞怪的铃声会影响周围人们的注意力，感觉你缺乏素质。

● 在医院、电影院和餐厅中应关闭手机或调成静音状态。

小贴士3-4：使用即时通讯工具的八个礼节

★ 寻求进入许可。正如你正在接电话一样，记得每次都要问别人此刻是否方便使用即时通讯工具。

★ 注意状态设置。在发即时通讯之前，要看看对方是否是"忙碌"状态(多数通讯工具的设置状态)，或者是其他的状态。即使你明明知道你的同事不是在开会，那现在可能也不是最佳时机。反过来，也可根据自己的需要设置自己通讯工具的状态。

★ 简单明了。它是即时通讯工具，所以就要即时使用它？问出你的问题，开始工作吧。

★ 使用恰当的英语。使用即时通讯工具发送有关工作的信息时，不要使用俚语以及缩写，可以用合适的英语。

★ 避免过长的对话。如果你在聊天工具上聊天时间过长，不如直接去找对方面对面谈，这样才可以保证职场的工作效率。

★ 遵守职场规则。很多IT部门都不愿意公司其他部门同事随心所欲地在自己电脑上下载软件。找出你们公司的规则，并要遵守这些规则。

★ 取一个工作上的用户名。

★ 记住，即使是使用即时通讯工具，你和其他同事、上司、客户或供应商之间应该永远是从职业的角度去交流的。因此，不要将政治图片作为聊天工具的图标，也不要使用亮黄色，流行的Arial 或Times New Roman字体。将你的资料专业化，将公司的图标以及联系方式都补充上去。

第四章
商务餐桌上的礼仪

ETIQUETTE

在宴席上最让人开胃的就是主人的礼节。

——莎士比亚

我们与谁吃饭比我们吃什么更为重要。

——伊壁鸠鲁

商业用餐的目的不仅仅是为了吃饭。其实餐桌上的举止是对一个人的礼仪和修养的最好考验。你的事业可能会在餐桌上发展起来，也有可能在餐桌上跌落下去。很多对此并不敏感的人，应该时刻提醒自己，餐桌上活动的目的并不仅仅是填饱肚子。如果你平日不注重自己在餐桌上的礼仪和举动，或者缺乏餐桌上的知识，到时就会感到紧张和压力感，你举止的笨拙就可能显出自己的"本性"。越来越多的公司会把面试的最后一关，选在餐桌上。你在餐桌上的一言一行、一招一式都将在别人的仔细品味之中。你如何点酒、点菜，如何进餐，如何交流，他们会像一个心理学家观察自己的考察对象一样，对你的出身、修养、品位、性格、爱好等进行判断。其实，这一切在你还没有坐在桌前时就已经开始了。从你入门起，你的举止就开始反映你的形象，你如何进门、如何就座、如何照顾客人、如何点酒和点菜，你如何在餐桌上表现你的礼节、如何对待侍者，你在各种气氛下如何表现，都在告诉别人你是个什么样的人，会如何应付社交场上的活动，是否适合代表公司与外界交往。整个招聘过程你都过五关斩六将，可千万不要一个跟头栽到了餐桌上，结果前功尽弃，那就得不偿失了。

第一节　赴宴礼仪

宴请与赴宴是相互依存的两个方面。赴宴者应当具备良好的气质风度、掌握良好的礼仪修养。宴请是重要的交际活动，只有通过双方的共同努力，才能达到圆满的宴请效果，实现关系融洽、交流感情、增进友谊的目的。因此，赴宴双方应注意赴宴礼仪。

一、精心打扮，得体着装

接到出席宴会的邀请后，应及时答复举办者，便于主人安排。一经答应赴宴，不能轻易改动。遇有特殊情况，不能如期赴宴，要及时通知主人，说明原因，诚致歉意。主宾如果不能如期赴宴，最好亲自登门道歉。接到邀请后，既不答复，又不赴宴，是极不礼貌的。

无论在国内还是在国外，赴宴都被视为一种仪式、一种社交。所以，修饰边幅，是赴宴者应注意的礼仪之一。正式宴会的请柬上，多注有着装要求，赴宴时应按照要求穿着。如果请柬上没有注明着装要求，赴宴时应按照宴会性质和当地的习俗，选定例行服装。在欧美等国，参加正式宴会，男士应穿深色西服，白色衬衣，系上领带，配锃亮的黑色皮鞋。一般来说，这套装扮可以出席任何隆重的宴会。女士赴宴时所穿礼服，若是长袖的，可戴短手套；若是短袖的应戴长手套。赴晚宴的年轻女宾，可以穿着色彩艳丽的裙装，或低胸露背款式的晚礼服，以便能与晚宴协调。在我国，男士可以穿西服，也可以穿中山服赴宴。穿旗袍的女士，应以色调高雅为宜。穿着过分华丽花哨或衣冠不整，都是对主人和其他客人不尊重，是非常失礼的。普通宴会，衣着不必过分讲究，以整洁合体为宜，但也不宜太随意，如太透、太短、衣领过低的服装就不宜在赴宴时穿。

赴宴前，应当修整自己的仪容。女宾应认真梳理，适度化妆。出席晚宴的化妆可比白天浓艳，在灯光的作用下，使肤色更加动人鲜亮。发型的选择，要典雅高贵，可根据自己的身材、脸形和年龄选择，突出女性魅力。男宾赴宴前，要理发、修面、手要洗净，指甲修短。力求大方优雅，给人以沉着谨慎，仪容高雅的印象。

二、掌握时间，准时赴宴

掌握赴宴时间，按照请柬标明的宴会时间，准时到场。能否遵守宴会时间，适时抵达，在一定程度上反映宾客对主人的尊重，也反映了自己的素质，绝不可马虎大意。所谓适时、准时，一般情况下，是指宴会前三到五分钟到达。如因故不能准时赴宴，应提前电话通知主人，诚恳说明原因。同样，赴宴也不宜去得过早，去早了会给主人增添麻烦，使之窘迫尴尬。在国外，如过早赴宴会遭人笑话：太急于进餐了！如果宴会已开始，迟到的客人应向其他客人致歉，适时招呼主人，表示已经到宴。

三、尊卑有序，按位落座

如约到达宴请地点后，赴宴者由服务人员引导，先到衣帽间寄存外衣和帽子，然后去迎宾处，主动向主人问好、签到。如带有礼物（如花束、花篮等），可恭敬献上，并和先到的客人相互致意。

从休息室步入宴会厅，按服务人员的指引和主人的安排，按位落座后，要注意自己的姿态。既不可过于拘谨，也不要散漫随便。可将身体轻靠在座椅背上，座椅距餐桌不要太近，也不宜过远，以与其他客人协调，自己感觉舒适为好。攀谈时，双手自然摆放，忌手托下巴，给人以"等候开宴"的印象。不要用手频频整理头发或拉扯台布等多余动作。

和同桌客人交谈，要热情大方，同新朋友不要一见如故，彼此介绍应稳重诚恳，交换名片应有礼节。上茶时，不要过多地与服务人员说话，影响他们的正常工作，必要时说声"谢谢"即可。

四、品味美食，莫忘礼仪

1. 使用筷子礼仪

忌敲筷。在等待就餐时，不能坐在餐边，一手拿一根筷子随意敲打，或用筷子敲打碗盏或茶杯。

忌掷筷。在餐前发放筷子时，要把筷子一双双理顺，然后轻轻地放在每个人的餐桌前；距离较远时，可以请人递过去，不能随手掷在桌上。

忌叉筷。筷子不能一横一竖交叉摆放，不能一根是大头，一根是小头。筷子要摆放在碗的旁边，不能搁在碗上。

忌插筷。在用餐中途因故需暂时离开时，要把筷子轻轻搁在桌子上或餐碟边，不能插在饭碗里。

忌挥筷。在夹菜时，不能把筷子在菜盘里挥来挥去，上下乱翻，遇到别人也来夹菜时，要有意避让，谨防"筷子打架"。

忌舞筷。在说话时，不要把筷子当作刀具，在餐桌上乱舞；也不要在请别人用菜时，把筷子戳到别人面前，这样做是失礼的。

忌舔筷。不要"品尝"筷子，不论筷子上是否残留有食物，都不要去舔它。

忌迷筷。不要在夹菜时，筷子持在空中，犹豫不定取哪道菜。

忌粘筷。在就餐过程中，即使很喜欢某道菜，也不要使筷子粘住了菜盘，不停地夹取。

忌剔筷。不要将筷子当牙签使用。

2. 餐桌礼仪

上桌后不要先拿筷，应等主人邀请、主宾动筷时再拿筷。

吸烟者应征求周围女士意见后方可抽烟，在禁烟餐厅不抽烟。不往地上和桌子底下扔东西。不慎摔碎餐具，应道歉并赔偿。

用餐前，如提供有湿方巾，是用来擦手的，男士也可用以擦脸和擦汗。使用后，应放回盘中由侍者取回。

用餐时，将餐巾放在膝盖上，不可用餐巾擦脸，可用巾角轻轻沾嘴唇与嘴角。用餐完毕后，将餐巾叠好，不可揉成一团。

为他人夹菜时，要使用公共筷子和汤匙。

传染病毒携带者应自觉谢绝。

喝汤用汤匙，不要出声。

嘴里有食物时，不张口与人交谈。嘴角和脸上不可留有食物残余。

剔牙时用手挡住嘴。咳嗽、打喷嚏或打哈欠时，应转身低头用手绢或餐巾纸捂着，转回身时说声"抱歉"。

说话时不可喷出唾沫，嘴角不可留有白沫。不可高声谈话，影响他人。

就餐过程中，如桌上有洗手盅，可将两手手指轮流置于其中，轻拨水沾湿，然后将手放在餐桌下，用纸巾擦干。不可将两手完全置于洗手盅中搓

洗，乱甩，乱抖。

当其他客人还没吃完时，不要独自先离席。在宴会餐桌上，进餐速度快慢不要依个人习惯，而应适应宴会的节奏，等大家都吃完，主人起身，主宾离席时再致谢退席。

用完餐离座时，将椅子往内紧靠桌边。

五、宴饮结束，礼貌致谢

宴会结束，赴宴者应起身离座，不可贪杯恋菜，拖延撤席，不能因余兴未尽而说笑不停。男宾应先起身，为年长者或女士移开座椅。主宾先向主人告辞，随后是一般来客向主人表示谢意。按照礼貌，不是感激宴会之丰盛，而是感谢主人让自己度过了愉快的时光（或夜晚）。当然，如果宴席上有特别出色的菜肴，不妨也可赞美几句，但不可过溢，更不要探听宴席价格，以使主人产生误解。如主人备有小礼品相赠，不论价值轻重，都应欣然收下，表示感谢。不能借口不便携带而不屑一顾，或一面收下就一面转送他人，这是对主人心意的违拗，也是对聚会的轻视，很不礼貌。作为应邀的赴宴者，有可能的话，也可向服务人员表示感谢。称赞他们服务优质、菜肴可口，感激他们的辛勤准备、周到服务。这实际上是人与人之间平等礼貌的应有之举。

从礼仪角度讲，宴会后再给主人打个电话致谢，或者在一个星期以内发一封感谢信去，也有必要。除感谢主人盛情款待之外，重申宴会上的友谊，加深相互之间的良好印象，为今后的进一步合作打好基础。这虽属宴请余音，却也是赴宴者不应忽视的。

第二节　西餐礼仪

吃 西餐在很大程度上讲是在吃情调：大理石的壁炉、熠熠闪光的水晶灯、银色的烛台、缤纷的美酒，再加上人们优雅迷人的举止，这本身就是一幅动人的油画。为了在初尝西餐时举止更加娴熟，熟悉进餐礼仪，还是值得的。

一、座位有讲究

在西餐礼仪里，往往体现女士优先的原则。

1．席位排列的规则

（1）女士优先。排定用餐席位时，一般女主人为第一主人，在主位就位。而男主人为第二主人，坐在第二主人的位置上。

（2）距离定位。西餐桌上席位的尊卑，是根据其距离主位的远近决定的。距主位近的位置要高于距主位远的位置。

（3）以右为尊。排定席位时，以右为尊是基本原则。就某一具体位置而言，按礼仪规范其右侧要高于左侧之位。在西餐排位时，男主宾要排在女主人的右侧，女主宾排在男主人的右侧，按此原则，依次排列。

（4）面门为上。按礼仪的要求，面对餐厅正门的位子要高于背对餐厅正门的位子。

（5）交叉排列。西餐排列席位时，讲究交叉排列的原则，即男女应当交叉排列，熟人和生人也应当交叉排列。在西方人看来，宴会场合是要拓展人际关系，这样交叉排列，用意就是让人们能多和周围客人聊天认

81

识，达到社交目的。

2. 西餐位置排法的两种方式

（1）法式。主人位置在中间，男女主人对坐。女主人右边是男主宾，左边是第二男宾；男主人右边是女主客，左边是第二女客；陪客则尽量往旁边坐。

（2）英美式。桌子两端为男女主人，若夫妇一起受邀，则男士坐在女主人的右手边，女士坐在男主人的右手边，左边则是第二宾客的位置，如果是陪同尽量往中间坐。

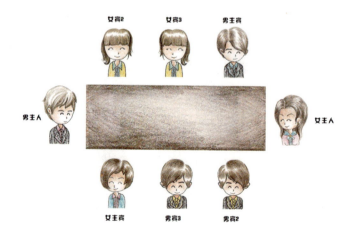

在隆重的场合，如果餐桌安排在一个单独的房间里，在女主人请你入席之前，不应当擅自进入设有餐桌的房间。如果都是朋友，大家可以自

由入坐：在其他场合，客人要按女主人的指点入座。客人要服从主人的安排，其礼貌的做法是，在女主人和其他女士坐下之后方可坐下。一般说来，宴会应由女主人主持。如果女主人说："祝你们胃口好"，这就意味着你可以吃了。如果女主人还没有发话，勺子就进了嘴，那可是非常不礼貌的。

小贴士4-1：品味西餐，品味礼仪

西式正宴上，配偶或者一起出席的异性朋友很有可能不会被安排在一起，原因是避免两位只顾自己聊天而不关注其他客人的话题，将其他客人无形地拒之话题圈外。

若担心配偶或一同出席的异性朋友与你分开坐后他们口无遮拦破坏你的形象，或者怕他们缺乏社交经验不善于与陌生人交谈需要你照顾，那么最好在回复邀请函时和主人说明你必须与你的同伴坐在一起。

入座前。若餐厅或酒店有衣帽间，可以先把大衣、雨伞及公文包在此寄存，因为西餐厅不会提供像中餐厅常见的椅背衣服套。受邀就餐时你应该是 dressed to be seen，给大家一个完美的第一感，所以不要累赘，该寄存的最好放在衣帽间（在某些国家，提取衣服时可以在衣帽间柜台上的零钱盘放一点小费给服务员）。

入座后。男士应该有绅士风度地帮助女士入座，因为隆重的晚宴上女士们一般都穿着晚礼服，男士应该帮她们把椅子拉出来方便她们入座，然后她们坐下后再帮她们把椅子推进去一些。

就餐途中不要把手机摆放在餐桌上，建议把手机调到静音状态，也最好不要接听电话，如真的必须接听电话或需要去洗手间等，最好起身离席并和周围的客人打个招呼。

秘籍：就座安排是为了增加吃饭气氛，方便交谈，认识朋友扩充人脉。不妨预先通过报纸、杂志、电视、网络等获悉并多了解一些时事或热点关注等来扩充自己的知识面，让自己有个充分准备。

ETIQUETTE

第四章 商务餐桌上的礼仪

二、餐前有准备

1．预约的窍门

越高档的饭店越需要事先预约。预约时，不仅要说清人数和时间，也要说明是否要吸烟区或视野良好的座位。如果是生日或其他特别的日子，可以告知宴会的目的和预算。在预定时间内到达，是基本的礼貌。

2．穿着要得体

吃饭时穿着得体是欧美人的常识。去高档的餐厅，男士要穿整洁的上衣和皮鞋；女士要穿套装和有跟的鞋子。如果指定穿正式服装的话，男士必须打领带。再昂贵的休闲服，也不能随意穿着上餐厅。

三、进餐有礼节

1．左侧入座

最得体的入座方式是从左侧入座。当椅子被拉开后，身体在几乎要碰到桌子的距离站直，领位者会把椅子推进来，腿碰到后面的椅子时，就可以坐下来。

2．了解上菜的顺序

正式的全套餐点上菜顺序是:①菜和汤；②鱼肝油；③水果；④肉类；⑤乳酪；⑥甜点和咖啡；⑦水果，还有餐前酒和餐酒。没有必要全部都点，点太多却吃不完反而失礼。稍有水准的餐厅都不欢迎只点前菜的人。前菜、主菜(鱼或肉择其一)加甜点是最恰当的组合。点菜并不是由前菜开始点，而是先选一样最想吃的主菜，再配上适合主菜的汤。

3．正确使用餐巾

餐巾在用餐前就可以打开。点完菜后，在前菜送来前的这段时间把餐巾打开，往内折1/3，让2/3平铺在腿上，盖住膝盖以上的双腿部分。千万不要把餐巾塞入领口。离席时，将餐巾折叠成方形，放在椅子中央，千万别忘了这个细节。

4.如何使用刀叉

基本原则是右手持刀或汤匙，左手拿叉。若有两把以上，应由最外面的一把依次向内取用。刀叉的拿法是轻握尾端，食指按在柄上。汤匙则用握笔的方式拿即可。

如果感觉不方便，可以换右手拿叉，但更换频繁则显得粗野。吃体积较大的蔬菜时，可用刀叉来折叠、分切。较软的食物可放在叉子平面上，用刀子整理一下。

如果吃到一半想放下刀叉略作休息，应把

刀叉以八字形状摆在盘子中央。若刀、叉突出到盘子外面，不安全也不好看。边说话边挥舞刀、叉是失礼举动。用餐结束，将刀、叉摆成钟表盘上四点钟方向即可。

5.持酒杯的方法

喝酒时，用三根手指轻握杯脚。酒类服务通常由服务员负责将少量酒倒入酒杯中，让客人鉴别一下品质是否有误。只需把它当成一种形式，喝一小口并回复"Good"。接着，侍者会来倒酒，这时，不要动手去拿酒杯，而应把酒杯放在桌上由侍者去倒。正确的握杯姿势是用手指轻握杯脚。为避免手的温度使酒温增高，应用大拇指、中指、食指握住杯脚，小指放在杯子的底台固定。

四、用餐有细节

1.面包的吃法

先用两手撕成小块，再用左手拿来吃。吃硬面包时，用手撕不但费力而且面包屑会掉满地，此时可用刀先切成两半，再用手撕成块来吃。避免像用锯子似割面包，应先把刀刺入面包。切时可用手将面包固定，避免发出声响。

2.喝汤不要发出声音

喝浓汤时勺子横拿，由内向外轻舀，不要把勺很重地一掏到底，勺的外侧接触到汤。喝时用嘴唇轻触勺子内侧，不要端起汤盆来喝。碗中的汤剩卜不多时，可用手指将碗略微抬高。如果汤用有耳朵的碗装，可直接拿住耳朵端起来喝。

3.喝酒的方法

喝酒时绝对不能吸着喝，而是倾斜酒杯，像是将酒放在舌头上似的喝。轻轻摇动酒杯让酒与空气接触以增加酒味的醇香，但不要猛烈摇晃杯子。此外，一饮而尽，边喝边透过酒杯看人，都是失礼的行为。不要用手指擦杯沿上的口红印，用面巾纸擦较好。

4.鱼的吃法

鱼肉极嫩易碎，因此餐厅常不备餐刀而备专用的汤匙。这种汤匙比一般喝汤用的稍大，不但可切分菜肴，还能将调味汁一起舀起来吃。若要吃其他混合的青菜类食物，还是使用叉子为宜。首先用刀在鱼鳃附近刺一条直线，刀尖不要刺透，刺入一半即可。然后将鱼的上半身挑开后，从头开始，将刀叉在骨头下方，往鱼尾方向划开，把针骨剔掉并挪到盘子的一角。最后再把鱼尾切掉。由左至右面，边切边吃。

5.牛排趁热吃

右手拿刀，左手拿叉，压住牛肉切一块吃一块。切肉时由左边切起，而不是全切完了再吃。因为牛肉刚出炉时鲜热的风味才是最好，切一块吃一块才不至于过快地散失了牛排的热度。

6.咖啡与水果的吃法

喝咖啡时如愿意添加牛奶或糖，添加后要用小勺搅拌均匀，将小勺放在咖啡的垫碟上。喝时应右手拿杯把，左手端垫碟，直接用嘴喝，不要用小勺一勺一勺地舀着喝。吃水果时，不要拿着水果整个去咬，应先用水果刀切成4瓣或6瓣，再用刀去掉皮、核，用叉子叉着吃。

小贴士4-2：吃牛排，你要几成熟

说到吃牛排，这在西餐中却十分讲究。点牛排时，服务生一定会问：要几成熟的牛排？牛排生熟，一般分四个阶段：Bleu，所谓带血牛肉，是表面稍有一点焦黄色泽，当中完全是鲜红的生肉状态；Rare即三成熟，汁水较多；而五成熟(Medium)的牛肉中心为粉红色；表面焦黄，而中心已熟个七八分者，就是所谓七成熟(Medium well)。熟透的牛排为咖啡色乃至焦黄程度，在法国，几乎没人会点这种牛排，据说某个名厨甚至会把点全熟牛排的客人请出他的餐厅。生的带血牛排，汁多具有真正的牛肉原味，但初食者不免望而生畏。其实在半生时，用刀切开所见的粉红色肉汁，并不是血，而是烤肉时渗入的调料风味，只有半生的牛肉有美妙的牛肉原汁，烤的时间越长，肉汁渐渐蒸发，肉质也变得坚韧，鲜美感消失殆尽。初试者不妨从七成熟的牛排开始。

通常点牛排，或是在高级一点的餐厅点牛肉汉堡，服务生都会这样问你"How do you like it cooked?" 回答的方式一般有以下几种：

ETIQUETTE

全熟是　well done;

七分熟是 medium well;

五分熟是 medium;

四分熟是 medium rare;

三分熟是 rare。

第三节　中餐礼仪

中华饮食文化源远流长。中国为礼仪之邦，在讲究民以食为天的中国，饮食礼仪自然是饮食文化的一个十分重要的组成部分。中国的饮宴礼仪号称始于周公，千百年的演进，终于形成今天大家普遍接受的一套饮食进餐礼仪，是古代饮食礼制的继承和发展。

在中国，请客吃饭、朋友聚餐是常事。而商务宴请往往是不好应付的，诸多的"潜规则"等待你去体味。

一、排座次，讲尊卑

总的来讲，座次是"尚左尊东"、"面朝大门为尊"。若是圆桌，则正对大门的为主客，主客左右手边的位置，则以离主客的距离来定，越靠近主客位置越尊，相同距离则左侧尊于右侧。若为八仙桌，如果有正对大门的座位，则正对大门一侧的右位为主客。如果不正对大门，则面东的一侧右席为首席。

如果为大宴，桌与桌之间的排列讲究首席居前居中，左边依次2、4、6席，右边为3、5、7席，

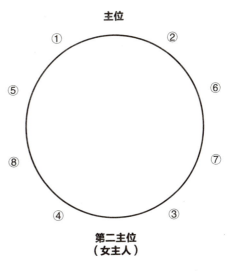

主位

① ② ⑤ ⑥ ⑧ ⑦ ④ ③

第二主位
（女主人）

根据主客身份、地位，亲疏分坐。

如果你是主人，你应该提前到达，然后在靠门位置等待，并为来宾引座。如果你是被邀请者，那么就应该听从东道主安排入座。

二、懂规格，会点菜

如果时间允许，你应该等大多数客人到齐之后，将菜单供客人传阅，并请他们来点菜。当然，作为公务宴请，你会担心预算的问题，因此，要控制预算，你最重要的是要多做饭前功课，选择合适档次的请客地点是比较重要的，这样客人也能大大领会你的预算。况且一般来说，如果是你来埋单，客人也不太好意思点菜，都会让你来做主。如果你的老板也在酒席上，千万不要因为尊重他，或是认为他应酬经验丰富，酒席吃得多，而让他／她来点菜，除非是他／她主动要求。否则，他会觉得不够体面。

如果你是赴宴者，你应该知道，你不该在点菜时太过主动，而是要让主人来点菜。如果对方盛情要求，你可以点一个不太贵又不是大家忌口的菜。记得征询一下桌上人的意见，特别是问一下"有没有哪些是不吃的？"或是"比较喜欢吃什么？"让大家感觉被照顾到了。点菜后，可以请示"我点了菜，不知道是否合几位的口味"，"要不要再来点其他的什么"，等等。

1．点菜的一般规则

点菜时，可根据以下三个规则：

一看人员组成。一般来说，人均一菜是比较通用的规则。如果是男士较多，可适当加量。

二看菜肴组合。一般来说，一桌菜最好是有荤有素，有冷有热，尽量做到全面。如果桌上男士多，可多点些荤食；如果女士较多，则可多点几道清淡的蔬菜。

三看宴请的重要程度。若是普通的商务宴请，平均一道菜在50元到80元可以接受。如果这次宴请的对象是比较关键的人物，那么则要点上几个够分量的菜，例如龙虾、刀鱼、鲥鱼，再要上规格一点，则是鲍鱼、三文鱼等。

另外，点菜时不应该问服务员菜肴的价格，或是讨价还价，这样会让你公司在客户面前显得有点小家子气，而且客户也会觉得不自在。

2．中餐点菜指导——三优四忌

一顿标准的中式大餐，通常，先上冷盘，接下来是热炒，随后是主菜，然后上点心和汤，如果感觉吃得有点儿腻，可以点一些餐后甜品，最后是上果盘。在点菜中要顾及各个程序的菜式。优先考虑的菜肴：

（1）有中餐特色的菜肴。宴请外宾时，这一点更重要。像炸春卷、煮元宵、蒸饺子、狮子头、宫保鸡丁等，虽然并不是佳肴美味，但因为具有鲜明的中国特色，所以受到很多外国人的推崇。

（2）有本地特色的菜肴。比如西安的羊肉泡馍，湖南的毛家红烧肉，上海的红烧狮子头，北京的涮羊肉，在那里宴请外地客人时，点上这些特色菜，恐怕要比千篇一律的生猛海鲜更受好评。

（3）本餐馆的特色菜。很多餐馆都有自己的特色菜。上一份本餐馆的特色菜，能说明主人的细心和对被请者的尊重。

小贴士4-3：点菜时需要了解的饮食禁忌

在点菜时，还必须考虑来宾的饮食禁忌，特别是要对主宾的饮食禁忌要高度重视。这些饮食方面的禁忌主要有以下几条：

★ 宗教的饮食禁忌，一点也不能疏忽大意。例如，穆斯林通常不吃猪肉，并且不喝酒。国内的佛教徒很少吃荤腥食品，不仅是指肉食，而且包括葱、蒜、韭菜、芥末等气味刺鼻的食物。一些信奉观音的佛教徒在饮食中尤其禁吃牛肉，这点在招待港澳台及海外华人同胞时尤其要注意。

★ 出于健康的原因，对于某些食品，也有所禁忌。比如，心脏病、脑血管、脉硬化、高血压和中风后遗症的人，不适合吃狗肉；肝炎病人忌吃羊肉和甲鱼；胃肠炎、胃溃疡等消化系统疾病的人也不合适吃甲鱼；高血压、高胆固醇患者，要少喝鸡汤等。

★ 不同地区，人们的饮食偏好往往不同，在安排菜单时要兼顾。比如，湖南省份的人普遍喜欢吃辛辣食物，少吃甜食。英、美国家的人通常不吃宠物、稀有动物、动物内脏、动物的头部和脚爪。另外，宴请外宾时，尽量少点生硬需啃食的菜肴，老外在用餐中不太会将咬到嘴中的食物再吐出来，这也需要顾及。

★ 有些职业，出于某种原因，在餐饮方面往往也有各自不同的特殊禁忌。例如，国家公务员在执行公务时不准吃请，在公务宴请时不准大吃大喝，不准超过国家规定的标准用餐，不准喝烈性酒；再如，驾驶员工作期间不得喝酒。如果忽略了这些，还有可能使对方犯错误。

三、品美味，有吃相

中国人一般都很讲究吃，同时也很讲究吃相。随着职场礼仪越来越被重视，商务餐桌上的吃相也更加讲究。

中餐宴席进餐伊始，服务员送上的第一道湿毛巾是擦手的，男士也可以用来擦脸。上龙虾、鸡、水果时，会送上一只小小水盅，其中飘着柠檬片或玫瑰花瓣，它不是饮料，而是洗手用的。用餐时要注意文明礼貌，对外宾不要反复劝菜。有人喜欢向他人劝菜，甚至为对方夹菜。外宾没这个习惯，你要是一再客气，没准人家会反感："说过不吃了，你非逼我干吗？"依此类推，参加外宾举行的宴会，也不要指望主人会反复给你让菜。你要是等别人给自己夹菜，那就只好饿肚子了。

客人入席后，不要立即动手取食。而应待主人打招呼，由主人举杯示意开始时，客人才能开始；客人不能抢在主人前面。夹菜要文明，应等菜肴转到自己面前时，再动筷子，不要抢在邻座前面，一次夹菜也不宜过多。要细嚼慢咽，这不仅有利于消化，也是餐桌上的礼仪要求。绝不能大块往嘴里塞，狼吞虎咽，这样会给人留下贪婪的印象。不要挑食，不要只盯住自己喜欢的菜吃，或者急忙把喜欢的菜堆在自己的盘子里。用餐的动作要文雅，夹菜时不要碰到邻座，不要把盘里的菜拨到桌上，不要把汤泼翻。不要发出不必要的声音，如喝汤时"咕噜咕噜"，吃菜时嘴里"叭叭"作响，这都是粗俗的表现。不要一边吃东西，一边和人聊天。嘴里的骨头和鱼刺不要吐在桌子上，可用餐巾掩口，用筷子取出来放在碟子里。掉在桌子上的菜，不要再吃。进餐过程中不要玩弄碗筷，或用筷子指向别人。不要用手指在嘴里乱抠。用牙签剔牙时，应用手或餐巾掩住嘴。不要让餐具发出任何声响。

用餐结束后，可以用餐巾、餐巾纸或服务员送来的小毛巾擦擦嘴，但不宜擦头颈或胸脯；餐后不要不加控制地打饱嗝或嗳气；在主人还没示意结束时，客人不能先离席。

俗话说，酒是越喝越厚，但在酒桌上也有很多学问、讲究，以下总结了一些酒桌上你不得不注意的小细节。

★ 领导相互敬完才轮到自己敬酒。敬酒一定要站起来，双手举杯。

★ 可以多人敬一人，绝不可一人敬多人，除非你是领导。

★ 自己敬别人，如果不碰杯，自己喝多少可视情况而定，比如对方酒量，对方喝酒态度，切不可自己比对方喝得少，要知道是自己敬人。

★ 自己敬别人，如果碰杯，一句"我喝完，你随意"方显大度。

★ 记得多给客户添酒，如果领导不胜酒力，可以通过旁敲侧击把准备敬领导的人拦下。

★ 端起酒杯，右手扼杯，左手垫杯底，记着自己的杯子永远低于别人。自己如果是领导，知趣点，不要放太低，不然怎么叫下属做人？

★ 碰杯，敬酒，要有说词，不然，我干吗要喝你的酒？

★ 敬酒的顺序依次为主人敬主宾；陪客敬主宾；主宾回敬；陪客互敬。记住：绝不能喧宾夺主乱敬酒，那样是很不礼貌的，也是很不尊重主人的。

四、斟茶礼，有讲究

这里所说的斟茶礼仪既适用于客户来公司拜访，也适用于商务餐桌。

1.茶具要清洁

客人进屋后，先让坐，后备茶。冲茶之前，一定要把茶具洗干净，在冲茶、倒茶之前最好用开水烫一下茶壶、茶杯。最好不要用一次性纸杯，既不环保，又破坏了茶味儿，还降低了公司的档次。

2.茶水要适量

放入杯中的茶叶，一般要适当。茶叶不宜过多，也不宜太少。茶叶过多，茶味过浓；茶叶太少，冲出的茶味道不足。假如客人主动介绍自己喜欢喝浓茶或淡茶的习惯，那就按照客人的口味把茶冲好。一道茶，通常斟半杯；二道茶，斟八分满。

3.端茶要得法

按照礼仪习惯，要双手给客人递茶。双手端茶也要注意，对有杯耳的茶杯，通常是用右手抓住杯耳，左手托住杯底，把茶递给客人。

4.添茶分先后

如果上司和客户的杯子里需要添茶了，你要义不容辞地去做。你可以示意服务生来添茶，或让服务生把茶壶留在餐桌上，由你自己亲自来添则更好，当然，添茶时要先给上司和客户添茶，最后再给自己添。

第五章
商务出行礼仪

ETIQUETTE

即使我们沉默不语,我们的服饰与体态也会泄露我们过去的经历。

—— 莎士比亚

一个人的礼貌,就是一面照出他的肖像的镜子。

——歌德

礼貌经常可以替代最高贵的感情。

——梅里美

世界是一本书,而不旅行的人们只读了其中的一页。

——奥古斯·狄尼斯

第一节　商务旅途中的基本礼仪

作为商务人员，一些商务性的旅行是避免不了的。然而，商务旅行不同于一般的旅行，它是社会交往的重要组成部分，商务人员在旅行中一言一行都代表着个人、公司乃至国家的形象。它要求在旅行过程中要讲究一定的礼仪、合乎一定的规范，所以，商务人员只有具备了一定的旅行礼仪知识，才能使得旅行愉快，减少不必要的麻烦，赢得顾客的信任和支持，从而把握住商机。

一、出行前的准备工作

三军未动，粮草先行；未雨绸缪，行程无忧。商务旅行要想高效率地完成并达到预期满意的结果就一定要有计划，而且计划要尽可能周到、详细，既包括路上的计划，也包括安排离开时正着手的工作，还包括旅行结束时应该做的工作。每一个环节都要想到，如用不用带雨伞和一些备用的药品等。

1.确定旅行目标

商务旅行可能会有多个目标，但这些目标分主要目标和次要目标，主要目标是放在第一位的，是要争取完成或者是必须完成的，次要目标是要兼顾的。

主要目标可能是去参加一个洽谈会议，与对方达成贸易协议，为此可能要宴请对方，与对方举行谈判会议等；次要目标可能是联络老客户，了解当地最新商业信息等。

2.安排计划日程

确定出差时，首先要向上司递交出差申请书，如访问日程、出差资金预算等，获得批准后才能出差。随后要为行程列一个清单，列出出发时间、旅程路线、到达时间、所到目的地、顺访地、在当地的停留时间，以及各项活动的日程安排。在旅行安排过程中要注意以下几项：

第一，日程计划好后要及时与对方联系，看看计划的时间与对方的要求是否合适，待确认和调整后最后确定旅行日程，准备好当地的工作计划和必要的文件。

第二，有时候要考虑气候和季节变化，甚至连出发地与目的地之间的时差也要考虑在内。如果是长途旅行，则应提前一两天到达目的地来调整旅行中的生理节奏紊乱和时差变化。

第三，如果是第一次出差，最好多向有过类似出差经验的同事请教，征求他们的建议，吸取其中的成功经验。

第四，不在公司时需要处理的工作事宜，要提前和相关部门、人员做好沟通，将手机号码和电子邮件等联系方式留给工作人员或同事。此外，认真汇报出差过程中的工作进展，也是出差时的工作内容。

3.整理行装

在商务性旅行当中，随身携带的办公、生活用品不宜太多，多了会给自己带来麻烦，见表5-1。一般来说，商务旅行中需要准备3个包：第一是行李包，第二是公文包，第三是手提包。不同的包，装不同的物品。行李包里主要装衣物鞋帽、礼品等；手提包里放手机、充电器和电池、机票、护照、小额零钱、各种信用卡、首饰等贵重物品和重要物品，此外还有化妆袋、电话号码本；公文包里放置手提电脑、重要的文件、名片、宣传品等，公文包一般来说是随身携带，因为万一人到而行李未到，会给商务旅行带来不便。每一种包都要按照有序、整洁的原则来摆放，否则用时乱翻一气，既不方便，也会给人一种做事没有条理的坏印象，给旅行带来烦恼。

此外，在旅行过程中，对衣物的打理和保养也非常重要。合适的箱包在出差时的作用举足轻重。如果东西多，又怕拎着不方便，那么最好选择带轱辘的箱子，这样会节省不少力气；如果觉得衣物保护罩太大拿着不方

表5-1 商务旅行必备

类别	项目	数量及重点	所属包裹
衣物	西装	1～2套	行李包
	休闲西装	1套	行李包
	衬衫	足够换洗	行李包
	领带	若干	行李包
	正装皮鞋	1双	行李包
	休闲服或运动服	1套	行李包
	运动鞋	1双	行李包
公务性用品	名片	适量	公文包
	重要的文件	要随身携带防止丢失	公文包
	手机及其配件	各1个	手提包
	手提电脑	1台	公文包
	记事本、高质感的笔	若干	公文包
	票证、护照及签证	注意签证期限	手提包
其他	礼品及小纪念品	数量略多于拜访人数	行李包
	零钱	用于支付小费	手提包
	化妆袋、梳洗用具	适宜	手提包

便，并且担心它太招摇，会违反某些行李规定，那么可以使用能够托运的行李箱；如果你需要不止一两套服装，可以使用没有轱辘的较大行李箱，这种箱子的面比较软，装的东西也比较多。

小贴士5-1：妙用名片

★ **商务交往中名片的使用**

在商务交往中，没有名片的人，将被视为没有社会地位的人。一个不随身携带名片的人，是个不懂得尊重别人的人。名片不仅要有，而且要带着。名片放在什么地方都有讲究，一般放在专用名片包里，或放在西装上衣口袋里，不能乱放。

名片在信息设计上，讲三个不：

(1)名片不随意涂改。在商务交往中，名片譬如脸面，脸面是不改的。

(2)不提供私宅电话。涉外礼仪讲究保护个人隐私。

(3)名片上，不提供两个以上的头衔。一个名片上的头衔越多，有三心二意、用心不专、蒙人之嫌。

★ 索要名片

索要名片尽量不要采取直白的表达，恰到好处地交换名片通常可以采用以下方式：

(1)交易法。"将欲取之，必先予之"。比如想要史密斯先生名片，可把名片递给他，"史密斯先生，这是我的名片"。

(2)激将法。"尊敬的威廉斯董事长，很高兴认识你，不知道能不能有幸跟您交换一下名片？"

(3)联络法。"玛莎小姐，认识你非常高兴，以后到英国来希望还能够见到你，不知道以后怎么跟你联络比较方便？"

★ 接受别人名片的注意事项

(1)回敬对方，"来而不往非礼也"，拿到人家名片一定要回。在国际交往中，比较正规的场合，即便没有也不要说，要采用委婉的表达方式，"不好意思，名片用完了"，"抱歉，今天没有带"。

(2)接过名片一定要看。这是对别人尊重、待人友善的表现。通过浏览名片，可以获得对方的必要信息。

二、旅途中的一般礼仪

旅途中根据环境和场合得体着装，讲礼貌、守秩序，入乡随俗等是商务出行人士基本的礼仪，也是商务人士的综合素质体现。

1. 着装得体

商务人员要有职业化的着装。在旅途中休闲装和运动装可能会让我们更加舒适，但商务人员的着装应该能反映出自己的职业和身份。因为坐在你旁边的人可能就是你未来的客户，给他们留下专业的印象是非常必要的。所以商务人员至少要带一套正规工作装，或是一套工作休闲装，当然，职业化的服装肯定是最合适的选择。

2.互相尊重

旅行环境通常都很拥挤，所以尊重旅行伙伴的领地很重要，不要将身体或物品伸放到别人的座位上。

3.遵守秩序

无论是上车（船）、下车（船）等，或是请人提供服务时，商务人员都要按顺序排队。在等行李和出租车时也要排队，拥挤和推搡他人都是不礼貌的行为。

4.学会适应

商务人员应该具备一定的适应和应变能力，因为商务旅行的变数很大，随时都可能遇到意料不到的问题和困难。遇事要冷静，不要急躁、发脾气，要镇静处理。

5.集体旅行注意事项

集体旅行要考虑团队协作，要体现出商务人员所代表的组织的整体形象，遇事多协商，求同存异，一致对外，共同完成该旅行的目标。此外，集体旅行中要注意自己的角色和地位等问题。一般要将表示身份、舒适的座位留给领导，年轻的职员要照顾年纪大的同事。

小贴士5-2："穿"在各国

随着国际交往在民间迅速扩大，了解服装的民族特色，顺应各国的一般风俗，也是商务人员出行须知的重要内容。

人们常说："巴黎是世界时装的橱窗。"的确，国外服装款式与设计当首推法国。法国的时装，以女装的奇特、男装的素雅、童装的活泼而享誉全球。法国时装的特色：一是选料精良，二是设计大胆。时装大师们对生活的深刻观察，对人们的需求敏感，敢于标新立异，使法兰西民族的时装走在了世界服装行业的前列。

美国着装的随性是举世闻名的。美国人崇尚个性自由，着装喜好随意、舒适。美国最有代表性的服装要算牛仔裤。这种被誉为"20世纪伟大发明"的服装，早年在美国的淘金者中流行，后传至欧洲，现已风靡世界各国。当然，美国人的穿衣随便并非不讲规矩，他们的着装习俗迎合了向舒适、多样化发展的趋势，在世界上的影响不可小看。

和服是日本民族最珍爱的传统服装。它在造型上有其规范化的特点，不受时装的影响，14世纪以来式样一直没有变化。虽然今天日本人的日常服装早已为西服所替代，但在婚礼，庆典，传统花道、茶道以及其他隆重的社交场合，和服仍是公认的必穿礼服。

印度莎丽具有悠久的历史和不凡的艺术魅力。用印度丝绸制作的莎丽一般长5.5米，宽1.25米，两侧有滚边，上面有刺绣。莎丽通常围在妇女长及足踝的衬裙上，先从腰部围到脚跟成筒裙状，然后将末端下摆披搭在左肩或右肩。妇女穿莎丽不仅舒适凉爽，而且能掩盖其体态缺陷，突出其内在魅力。

在菲律宾，男人们通常穿一件宽大的带褶衬衣，当地人称之为"巴龙"，这种衬衣在热带地区的拉美国家也很流行；印度尼西亚人穿一种叫"巴蒂克斯"的宽松衬衣，衬衣有漂亮的图案，休闲或正式场合都能穿。

土耳其人的服装虽然已日趋欧化，不过传统的灯笼裤仍为人们所喜爱。

而被苏格兰人推崇的男子短裙，虽然平时已很少有人穿着，但到节日和喜庆的日子，男人们依然会穿上它翩翩起舞，连王室成员也不例外。

ETIQUETTE

第二节　出行交通礼仪

商务旅行时，商务人员个人形象不仅是自身修养的体现，也是所在公司或机构形象的窗口。不论是步行还是乘坐各种交通工具，都别忘了遵守公共场所的礼仪。同时，不同的交通工具，如汽车、火车、飞机等，也都有各自须遵守的文明礼仪。

一、步行的礼仪

步行礼仪是商务旅行中最为常见也是应该注意的一个重要方面，是出行礼仪的基础内容所在，包括一个人在行走过程中的各个环节。

1.步行仪态

行走时应上身挺直，目视正前方。在腰际以上，不允许摆摆晃晃。同时呈一条直线前进，不左右摇摆。最基本的行姿是使自己的脊背和腰部伸展放松，脚跟首先着地，通过后跟身体的重心移送至前脚，促使身体前移。行走时移动的中心是腰部，而不是脚部，所以行走时应被首先视为腰动，而不是脚动。应当上体前倾，借以带动脚动。

2.注意交通规则

在任何国家，每个人都有遵守交通规则的义务。走路要遵守交通规则：循右侧行走，走人行道；通过路口或横穿马路时要注意交通信号，走人行横道或过马路不得跨越、倚坐道路隔离设施，不得扒车、强行拦车等。

3.讲究文明礼让

每个人走路，都会遇到一个前、后、左、右、内、外的方位问题，这时就要遵守礼仪惯例。在人多之处，往往需要单行前进，通常讲究"以前为尊"，应请客人、女士、长者在前。并行前进时应"以内为尊"，如行进道路无明显内、外侧之分，则奉行"以右为尊"的国际惯例。如三人并行，中间为尊；三人前后行，前者为尊；如与女士同行，男士应走在人行道外侧，并要迁就女士的步幅；几个朋友散步、逛商店等也不可并行挡道；若遇上亲友、熟人，通常应点点头走过，进行简单的问候或提出改日再约，不能视而不见，也不要狂呼和停下来久谈。在路上行走，一定要注意环境卫生，不随地吐痰和吐口香糖残渣，不乱抛杂物，更不要乱扔果皮纸屑及其他废弃物。

小贴士5-3：步行禁忌

在商务旅行中，尤其是在国外，步行时要遵守礼仪，更要避免某些易于惹来麻烦、导致误会的禁忌。

★ 忌行走时与其他人相距过近，尤其要避免与对方身体碰撞。万一发生，务必要及时向对方道歉。

★ 忌行走时尾随于他人身后，甚至对其窥望、围观或指指点点。在一些国家里，此举会被视为"侵犯人权"或是"人身侮辱"。

★ 忌行走时速度过快或过慢，以至于对周围的人造成一定的不良影响。

★ 忌在私人居所附近进行观望，甚至擅自进入私宅或私有的草坪、森林、花园。此举在一些国家被定为违法之举。

★ 忌一边行走，一边连吃带喝，或是吸烟不止、随地吐痰、乱扔废弃物。那样不仅会影响自身形象，而且会有碍于人。

★ 忌与成年同性在行走时勾肩搭背、搂搂抱抱。在西方国家里，只有同性恋者才会这么做。

★ 礼貌问路与指路

旅途过程中，对不熟悉的路段免不了问路，也有可能被别人请求指路。需要问路时，一是要选择合适的对象，避免问行色匆匆、正与人交谈或忙碌的人，也不要打扰正在指挥交通的交警，最好找比较悠闲的人问路。二是要根据对方的年龄、性别与当地的习惯面带微笑地称呼对方，不可直接使用"喂"、"哎"等呼叫对方。三是不论是否得到满意的回答，都应诚恳致谢。

当别人向自己问路时，应热情地为其指路，尤其是外地或外国朋友问路，更应设法予以帮助。不可以向路人讨取"指路费"，也不要显得不耐烦和表示不满。

二、乘坐轿车的礼仪

商务活动讲究的是高速度、快节奏，商务往来更是来去匆匆，分秒必争。对于商务人员而言，乘坐轿车已经成为商务活动的一部分。商务人士在乘坐轿车时，尤其是当乘坐轿车外出参加较为正式的活动时，或与他人一同乘坐轿车时，应当注意保持自己应有的风度，做到彬彬有礼。

在乘坐轿车礼仪中，座次是最重要的问题。通常应考虑驾车者的身份、轿车的类型、安全与否及宾客本人的意愿四个基本要点。

按照国际惯例，车上座次尊卑一般是后排为上，前排为下；右侧为尊；左侧为卑。然而，商务人士在应用这一规定时，对"谁在开车"这一问题不能忽视。

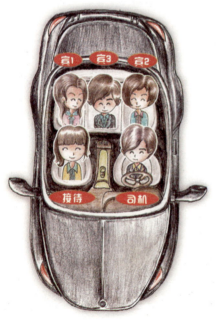

当主人（商务人士的交往对象）亲自驾车时，前排的副驾驶座为上座。车上的乘客若不止一人时，一般不应当使之闲置。应当推举其中地位、身份最高者为代表，坐在副驾驶座上作陪。如果除开车的主人之外，车上只有一名客人，则其务必就座于前排，表示对客人友好、尊重。如果主人夫妇开车接送客人夫妇，则女主人应就坐于副驾驶座，客人夫妇应当坐在后排。若主人一人开车接送客人夫妇，则男宾应就坐于副驾驶座上，而请其夫人坐在后排。

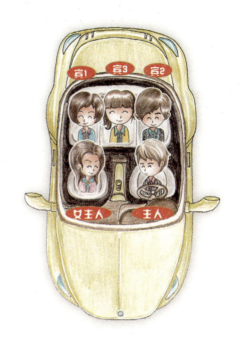

当专职司机驾驶轿车时，后排座为上，前排座为下；以右为尊，以左为卑。不应让客人坐前排副驾驶座，尤其是接待港、澳、台地区和外国客人时更应该注意这一点。需要特别强调的是，在乘坐由专职司机驾驶的轿车时，按照国际惯例，通常不应当让女士在副驾驶座上就座。

上下车的顺序也是有一定的规定，一般以有利于尊长、女士的方便、安全为宜。主人亲自驾车时，应后上先下，以方便照顾他的客人。如果是由专职司机驾车，坐副驾驶座的陪同人员要等坐后排的人全上车后才入座。如果停在街道上，左车门不能打开，则可由坐里座的人先上，上车后伸手搀扶尊长后上。

对于坐轿车的人来说，最忌"一头钻进车里"，这种姿势很不雅观。女士们最好采取"背入正出"的方式，即上车时先背对车门入座后再收进双腿，下车时先转身面对车门再使双脚落地，双膝始终并拢，这样就显得优雅一些。

吉普车与轿车座次尊卑不同。在吉普车上，副驾驶座总是上座。至于其后排座位，则讲究右尊左卑。身份低的人先上车，坐在座位最里边，而身份高者则坐在副驾驶座即司机座旁边。不过孕妇和12岁以下的小朋友坐车时可以不受此限，对他们来说以安全、舒适为宜。

商务人员无论坐什么车，都应注意在车内的谈吐举止。车在行驶过程中，乘客可以适当交谈，但不宜与司机聊天，以免影响行车安全。不要在车内或向车外吐痰和吐口香糖，不向车外扔废弃物。男士不宜在车内吸烟，女士不宜在车内化妆或补妆。男女之间也不要在车内嬉闹，更不要把头和手伸出车窗外。

三、乘坐火车的礼仪

乘坐火车往往需要对号入座，座位可供选择的余地并不大。比较而言，有关座次的讲究也相对较少。基本的规矩是：临窗的座位为上座，临近通道的座位为下座；与车辆行驶方向相同的座位为上座，与车辆行驶方向相反的座位为下座。

在乘车时以礼待人不只是一种要求，而且应当落实到许多细节上。特别需要注意下面三个问题。

第一，上下车的先后顺序。在涉外交往中，尤其是在许多正式场合，上下车的先后不仅有一定的顺序，而且必须认真遵守。乘坐公共汽车、火车或地铁时，通常由位卑者先上车、先下车。位尊者则应当后上车、后下车。这样规定的目的是为了便于位卑者先上去寻找座位，照顾位尊者。

第二，就座时要相互谦让。无论是乘坐何种车辆，就座时均应相互谦让。争座、抢座、不对号入座都是非常失礼的。在相互谦让座位时，除对位尊者要给予特殊礼遇之外，对待同行人中的地位、身份相同者，也要以礼相让。

第三，乘车时的律己敬人。在乘坐车辆时，尤其是乘坐公用交通工具时，必须将其视为一种公共场合。因此，必须自觉地讲究社会公德，遵守公共秩序。对于自己，处处要严格要求；对于他人，时时要友好相待。

小贴士5-4：乘火车应注意的礼仪

★ 乘火车要提前到站

在候车室等候时，要爱护候车室的公共设施，不要大声喧哗，携带的物品要放在座位下方或前部，不抢占座位或多占座位，不要躺在座位上使别人无法休息。保持候车室内的卫生，不要随地吐痰，不要乱扔果皮纸屑。

★ 检票时要自觉排队，不要拥挤、插队

进入站台后，要站在安全线后面等候。要等火车停稳后，方可在指定

车厢排队上车。上车时，不要拥挤、插队，不应从车窗上车。

★ 有次序地进入车厢，并按要求放好行李。行李应放在行李架上，不应放在过道上或小桌上。不要在车厢内吸烟，不随地吐痰，不乱扔果皮纸屑。

★ 在座席车上休息，不要东倒西歪，卧倒于座席上下、茶几上、行李架上或过道上。不要靠在他人身上，或把脚跷到对面的座席上。

★ 去餐车用餐时，如果人数过多，应耐心排队等候。在用餐时，应抓紧节省时间，不要大吃大喝，猜拳行令。用餐完毕，应即刻离开，不要赖着不走，借以休息、聊天。

★ 下车时，应自觉排队等候，不要拥挤，或是踩在座椅背上强行或从车窗下车。

四、乘坐飞机的礼仪

随着经济的发展，世界各地之间商务往来日益频繁，飞机已成为普通的交通工具。商务人员也经常乘飞机出行。飞机在空中飞行时，空间体积非常有限，因此，与地面相比，感觉上占据更小的"自我空间"，这是空中旅行本身的特点。要想在空中旅行时保持良好的形象，避免出现尴尬局面，应当遵循以下礼仪。

1. 我国民航规定

旅客必须在机票上列明的航班规定离站前90分钟到达指定机场，办理登机手续。在航班规定，离站前30分钟将停止办理登机手续。飞机场一般都设在城市的郊区，距市区较远，在安排时间时一定要预留出充足的时间，避免由于塞车等特殊情况造成迟到，延误航班。

2. 办理登记手续

除托运行李之外，主要还有领取登机牌、接受安全检查等几项。领过登机牌后，乘客要通过安检门接受例行的安全检查。先将有效证件和机票交安检人员查验，放行后通过安检门接受技术检查。一般要通过特制的安全门，并接受手提式金属探测器的检查。最后，还要接受手工检查，即旅客人身或随身携带的行李由专门的安检人员进行手工触摸。进行人身检查时，通常由同性别的安检人员担任。需要注意的是，接受例行安全检查时，务必主动、自觉地进行合作。不要拒绝配合、态度粗暴、表现得极不耐烦。

3.乘飞机的小常识

第一，系好安全带。在飞机起飞、降落或者遇到强气流时，飞机会发生剧烈颠簸，不系好安全带的旅客容易受伤。第二，会用氧气面罩。氧气面罩是在机舱失密或机舱内出现有害烟雾、气体时保证旅客正常供氧需求的设备。氧气面罩一般藏在座位的上方，一个座位配备一个，需要时，会由机组操纵自动落下。旅客如遇到这种情况，切忌乱抓乱抢，以免拽断输氧管，只需轻轻拉过离自己最近的氧气面罩戴在头上即可。第三，勿动安全门和机上任何红色标志的把手和按钮。安全门是在机场以外的地面或水面迫降后疏散旅客的出口。一旦打开，就会有一条连接地面的滑道自动展开，并充气。第四，在飞行期间，不得使用移动电话、手提电脑、激光唱机、微型电视机、调频收音机、电子式玩具、电子游戏机等电子设备，使用这些会对飞机信号造成干扰，危及自己和其他乘客的生命安全。

4.在飞机上应该律己敬人，互相谦让

对于很多工作繁忙的人来说，飞机上的时间是非常宝贵的休息或放松时间，在机舱内谈话声音不要过高，尤其当其他乘客闭目养神或阅读书报时，不宜大声喧哗；飞机机舱内通风不良，因此，不要过多地使用香水，也不要使用味道浓烈的化妆品（尤其是那些容易晕车、晕船、晕机的人）；夜间飞行时，注意关闭阅读灯，以免影响其他乘客休息；保持卫生间清洁是每个人的责任，厕所内绝对禁止吸烟；最后需要注意的是要按照商务出行目的着装，你需要时刻保持商务人员的职业形象。

5.尊重空乘人员

空乘人员的工作非常重要，他们承担着保护乘客安全的重要职责。如果你对空乘人员的服务有意见，可以向航空公司投诉，不要在飞机上与乘务员大吵大闹，以免影响旅行安全。按照国际惯例，所有空乘人员都不接受小费。

6.乘机时应注意饮食

首先，忌吃得过饱。因为高空条件下食物在体内会产生大量气体，一方面加重心脏和血液循环负担，另一方面可能引起恶心、呕吐、晕机等"飞行病"。其次，忌食用多纤维和容易产生气体的食物，进食此类食物，高空飞行时可能会加重胸闷腹胀的感觉。再次，飞机上供应的餐点，视航线及航空公司不同而有异，一般分为猪肉、牛肉、鸡肉、鱼肉，素食主义者请尽早了解。最后，高空飞行中，机舱压力比较大，不宜饮酒过量。因为在飞机上人体通常处于缺水状态，酒精的危害也更大一些。

7.在飞机没有完全停稳之前不要急忙站起

飞机没有停稳之前就站起来很不安全，要等信号灯熄灭后再解开安全带。停机后，带好随身携带的物品按次序下机，不要抢先出门。国际航班上下飞机要办理入境手续，通过海关便可凭行李卡认领行李。许多国际机场都有传送带设备，也有手推车以方便乘客搬运行李。有的机场行李搬运员可协助乘客，不过在大多数国家，除给行李搬运员小费外，对其他的人不用给小费。

第三节　酒店住行礼仪

随着我国经济的发展和全球经济一体化，旅游业和会展业在我国的发展可谓突飞猛进。酒店不仅是人们外出旅途中的"加油站"，也是旅行者的"家外之家"。其中，商务酒店、会议酒店也为各种商务活动、会议提供了越来越规范和周到的服务，是各类会议、展览、培训活动等的理想场所，更是商务人士交流会晤的重要场所。因此，熟悉酒店住行礼仪对商务人员显得尤为必要。

一、预订酒店

如果出差的日程已经确定下来，那么最好提前预订酒店，特别是在旅游旺季和会议旺季显得尤为重要。预订酒店可以采用电话预订、网上预订、信函预订和传真预订等多种方法，但最常用的还是电话预订，因为电话预订可以最迅速地获得反馈。电话预订时，要告诉对方你的要求及入住时间、离店时间、入住人数、房间类型、入住客人的姓名及到达酒店的大概时间。许多酒店都会在一定的时间内保留预订。万一比预订时间到达晚得多，为避免被取消房间，要尽快用电话通知酒店。另外，如果要取消预订，有礼貌的做法是及时打个电话取消，这样酒店就可以及时另作安排。

二、入住酒店

1.前台登记

到达酒店之后，应当先到前台登记。如果前面有客人正在登记，就应该安静地排队等候。入住酒店需要出示身份证件，证件上的姓名需要与预约时登记的姓名一致。登记完毕之后服务员会将房间的钥匙或房卡交给客人。

2. 查看房间

每个酒店都有住宿规定，进入房间以后应当首先仔细阅读宾客须知，并查看紧急出口和安全出口的具体位置。然后检查被子、衣架、电源插座、毛巾等设施是否够用，如果有问题都可以立即与服务员联系。

3. 讲究礼貌

在酒店住宿期间，对于自己遇到的一切人都应以礼相待。早上起床碰到其他人，无论认识与否，无论对方是酒店服务人员还是其他客人，都应主动向对方问候"早安"。在通过走廊、出入电梯或接受酒店所提供的各项服务时，要懂得礼让他人。对于女性、儿童、老年人和残疾人，在力所能及的情况下，应该主动给予关心或帮助。

4. 保持房间的清洁卫生

我们选择酒店会选整洁、安全的，自己住的时候也要保持整洁。这不只是对工作人员的尊重，也是个人形象的体现。如果你把房间搞得很脏乱，房务人员可能也会觉得你不注重卫生，所以在整理你的房间时会随便弄一下，如果你的房间很干净，她会知道你喜爱整洁，可能会因此而整理得特别细心。其实你也不必太费心，把毯子弄平整、鞋子摆好、毛巾归位就可以了。

5. 维护安静的环境

酒店是供人住宿、休息的场所，因此，保持安静的环境是对所有人的基本要求。酒店的隔音不一定都很好，所以在休息或与客人相会时，一定要注意降低说话的音量，走路要轻。千万不要粗声粗气，大声喧哗，高谈阔论。即使是在自己住宿的客房里活动，亦应自觉保持安静，不要制造与周围环境不和谐的噪音。一般情况下，进入自己所住的客房之后，即应关闭房门，以防打扰其他人。

6. 出入房间讲究顺序

如果没有特殊的原因，出入房间时应该是位高者先进或先出。如果有特殊情况，如需要引导，室内灯光昏暗，男士和女士两个人单独出入房间，这时标准的做法应该是陪同接待人员先进去，为客人开灯、开门，出的时候也是陪同接待人员先出去，为客人拉门引导。

7.乘坐电梯的礼仪

乘坐电梯前，只需轻触电梯的按钮即可，不要反反复复按按钮。进入电梯后要在出口处的右边等候，以方便其他乘客出电梯。电梯能够承载乘客的数量是有限的，当警铃响起时，最后上电梯的人应主动下电梯。如果电梯里的人很多，自己不方便按电梯按钮时，可请人帮忙，然后道谢。出电梯时，如果人很多，要对周围的人说"对不起，我要出去"。如果电梯口有服务员，应礼貌致谢。

8.严守规定

国内外的酒店，尤其是高档的星级酒店，通常都有如下规定：不允许两名已成年的同性共居一室。除了家人外，不允许住客在住宿的房间随意留宿其他外来人员。不提倡住客在住宿的房间内会晤来访人士，特别不提倡住客在住宿的客房内会晤来访异性客人。在一般情况下，酒店的前厅或咖啡厅被视为会客的理想之处。不提倡互不相识的客人互相登门拜访。随意去素不相识的住客处串门，或是邀请别人来自己的客房一起进行娱乐都是十分冒昧和不安全的。在室外打赤膊或衣冠不整，同样也是不允许的。不可将客房或酒店内其他场所的公共物品随意带走、据为己有。室内着装可相对随便。走出房间，则应衣着整齐，不可穿着背心、短裤、睡衣、拖鞋等在走廊或酒店内外的公共场所游逛。不可窥视他人居住的房间。如同室还有其他客人，出入房间应随手关门，不要将房门大开，使别人一览无余。休息时，可在门外悬挂特制的"请勿打扰"牌子。

三、离开酒店

（1）在离开酒店前一定要检查自己是否带齐所有物品，不要将贵重物品遗忘在房间里。

（2）不该拿的不要拿。如果是生活消耗品，你用过的别人不会再用，你可以带走，诸如牙刷、牙膏、梳子、肥皂、乳液等。有些日用品，是你用完经过处理后别人可以再用的，就不能拿，如毛巾、浴袍、烟灰缸等，如果实在喜欢，要获得同意后才能带走或者掏腰包购买。如果不小心弄坏了酒店的物品，应当在结账时主动赔付。

（3）离开酒店时，要保持风度，与服务人员礼貌告别。

【案例】
一次被错过的晋升机会

某公司的何先生年轻能干，点子又多，很快引起了总经理的注意，拟提拔为营销部经理。有一天，总经理要去省城参加一个商品交易会，需要带两名助手，总经理选择了公关部杜经理和何先生。何先生也很珍惜此次机会，想好好表现一下。

出发前，由于司机小李先去省城忙其他的事务尚未回来，所以他们临时改为搭乘董事长亲自驾驶的轿车一同前往。上车时，何先生打开了前车门，坐在驾车的董事长旁边的位置上，董事长看了他一眼，但何先生并未在意。

上路后，董事长驾车很少说话，总经理好像也没有兴致，似乎在闭目养神。为活跃气氛，何先生寻找了一个话题："董事长驾车的技术不错，有机会也教教我们，如果都自己会开车，办事效率肯定会提高。"董事长专注地开车，不置可否，其他的人均无反应，何先生也不再说话。一路上，除董事长向总经理询问了几件事，总经理简单地作答后，车内再也无人说话。到达省城后，何先生悄悄问杜经理："董事长和总经理好像都不太高兴？"杜经理告诉他原委，他才恍然大悟。

会后从省城返回，车子改由司机小王驾驶，杜经理因公事需在省城多住一天，其他的四个人先行返回。"这次不能再犯类似的错误了"何先生想。于是，他打开前车门，请总经理上车，总经理坚持要与董事长一起坐在后排，何先生诚恳地说："总经理您如果不坐前面，就是不肯原谅来时我的失礼之处"，他坚持让总经理坐在前排才肯上车。

回到公司，同事们知道何先生是同董事长、总经理一道出差，猜测他肯定要得到提拔，都纷纷祝贺，但最终此事竟不了了之。

请你猜测杜经理大致告诉了何先生那些原委？并指出何先生在往返过程中有哪些失礼之处。

第六章
商务礼品往来的学问

ETIQUETTE

礼尚往来，往而不来，非礼也。

——《礼记·曲礼上》

最好的礼物不一定是最贵重的，而是别人急需却又一时无法获得的。

——汪国真

在商务活动中，礼品是企事业单位为了提高或扩大其知名度，提高产品的市场占有率，获取更高销售业绩而制定的一项战略对策。商务活动中的礼品，往往配有企事业标志，具有某种特别含义的产品，它具有新颖性、奇特性、工艺性和实用性。送礼是一种感情投资，能缩短人与人之间的感情距离，便于人们沟通、交流，达成共识，开创良好的商机。同时礼品也是一种广告，一种宣传，合适的礼品能在客户心目中建立起恒久而深刻的印象。

第一节　商务送礼的功能及礼品选择

在当今的商业事务中，赠送商务礼品起着相当重要的作用。据统计，在美国商务活动中，每年所赠商务礼品超过10000万件，总金额达40亿美元。商务礼品，美国人称之为特种广告，是广告促销、传播品牌、树立企业形象最直接的广告。合适的礼品既表达了心意，又让对方不自觉地接受了广告，达到宣传或促销效果，确实令不少商家青睐。一般来说，商业礼品分为四类：会议礼品、公关礼品、促销礼品与庆典礼品。这样的划分，几乎涵盖了所有礼品的目的与形式。

据对赠送商务礼品的美国公司的调查显示：47%的回答是"有效果"或"很有效"，另外39%的公司认为至少"有点效果"，只有2%的公司认为送礼毫无益处。公司为什么要送商务礼品？某项调查结果认为：最主要的原因是表示对他人的赞赏（61%），其次是通过良好的祝愿以发展业务关系（54%）。被调查者中有一半在圣诞节送礼，将近三分之一的人在特殊的场合送礼。越来越多的公司认识到商务活动中送礼，不仅是做广告，也是相互交流的一个重要方面。

一、送礼的基本原则

中国自古就被称为礼仪之邦，而在商务活动中，更是免不了送礼，一份礼物送得恰到好处，可以令工作事半功倍，区别于朋友间的友情馈赠，商务送礼是一门艺术，因此有其约定俗成的规矩——送给谁、送什么、怎么送都很有奥妙。生活中凡事都讲究原则，太过或不当都脱离了原则，送礼作为生活中一件平常的事，自然也不例外。把握好其中的原则，就不至于会失去分寸，触犯禁忌，引起别人的误会。

1.轻重得当

过轻或过重的礼物，都不能令受赠者开心，也不能正确表达赠送者的心意。一般情况下，礼物的轻重选择以对方能够愉快地接受为原则。

礼物太轻了意义不大，朋友可能会误以为你是小气、抠门甚至是瞧不起他。礼物太过贵重，会引起受贿之嫌。而且太贵重的人情，有可能会加大他的支出负担。礼物本身是为了促进双方感情交流，如果给对方增加了烦恼，那么就会得不偿失。所以礼物的轻重也是一门需要很好把握的艺术。

2.间隔适宜

送礼是一项感情交流，换种说法也叫感情投资，这项投资是持续性的。因此，送礼的时间间隔必须是很讲究的。虽然感情不能用礼品来衡量，但一些情况下，间隔时间太长，对方对你的感情可能会变得淡薄很多。另外，如果你频频登门送礼，按礼尚往来，对方可能会觉得有压力，加重了经济负担；也许会打扰了对方的正常生活。因此，时间间隔需要很好的掌控，才可以既培养感情又达到目的。

3.风俗禁忌

送礼前应了解受礼人的身份、爱好、民族习惯，免得送礼送出麻烦来。有人送礼送香水，可是送礼的人却不知道受礼人对香水敏感，避之而不及。给上海人不能送苹果，因上海话中"苹果"与"病故"二字发音相近。由于送礼人不了解情况，最终只能不欢而散。在我国，不能送挂钟，因为"钟"与"终"谐音，让人觉得不吉利；也不能送伞，因"伞"与"散"发音相似。此外还要尊重对方的民族习惯。例如，受赠者如果是回族人的话，就不能送有关猪肉类的礼物，他们认为这是对祖先的不敬。鉴于此，送礼时，一定要考虑周全，以免节外生枝。

4.注重意义

礼品是感情的载体。任何礼物都体现了馈赠者特有的心意，或许是酬谢、祝贺、尊重等。所以在送礼品时能让对方充分体会到你的情义，因此，倍感珍惜。例如，如果对方刚刚乔迁新居，打算装饰房间，此刻送上一盆盆景或一幅装饰画，无疑正合心意。

5.尊重受赠者

"礼尚往来"是说礼品是双向的，不能以馈赠者自己的想法来选择，也不能以自己的喜好来评价对方所送的礼品。只要双方能将心比心，多为对方着想，就不会出太离谱的错。

【案例】

企业LOGO不讨喜

春节前夕，小李给自己的重要客户送了一套礼品，是一个做工非常精良的皮质公文包，包里面放了一套笔记本和钢笔。小李为了显示出自己的独特性，还专门在这套礼品上印了公司LOGO。但是小李发现，自己的客户从来没用过这套礼品，小李觉得纳闷，其实那套公文包品质很不错。在和客户关系熟悉后，小李旁敲侧击地问，才知客户怕礼品上的LOGO引起误会，因此一直没有使用。

点评：为了巩固老客户，培养新客户，年底商务送礼是必不可少的。现在很多公司给客户送的礼品，都会与公司的企业文化紧密结合在一起，加入公司的形象展示标，印上公司LOGO。不过，能与公司的形象紧密融合展示的礼品大都是办公室用品，类似台历、笔记本和钢笔等。根据调查，喜欢印上LOGO礼品的客户还是少数。如果受礼方是公司的基层员工，那问题不大；但如果是公司的中高层员工，在公众场合的办公桌上，摆放别的企业的形象物品，影响不好，会让其他来洽谈业务的来访者感觉很怪异。别人看到了，会以为你要跳槽了还是怎么的，容易产生误解。所以，很多客户一般收到类似的礼品，大都是找一个抽屉塞进去，因此显然没有达到送礼者的初衷。

二、怎样选择礼品

具体挑选过程中要秉承富有创造性，尽量使自己赠送的礼品博得受赠者的钟爱，使之产生受重视的感觉，但又不能让对方增加心理上的负担。此外礼品应该新颖、别致，能够出其不意。对于友人而言，可以送上一些他需要用、用得上的礼品。

一般而言，所有的礼品根据保存的期限来划分，都可以分为两大类。一类叫做"一次性"礼品。它是指那些保存时间较短、只能使用一次的礼品，如糖果、鲜花、挂历、电影入场券等。另一类则叫做"永久性"礼品。它是指那些可以长期保存、反复使用的礼品，如书画、首饰、图书、摆件之类。二者各有所长，各有所短，送礼人可根据受赠者的实际情况加以斟酌。

一个朋友刚刚丢了心爱的钱包，她在信箱里发现一个一模一样的；一位喜爱音乐的同事收到一张找了很久的CD，这些都能使对方深深感动。

小贴士6-1：礼品选赠有讲究

★ 根据受礼人的品位，精心挑选礼品。

★ 无论你的礼物价值多少，都要撕掉价签。

★ 最好让礼品更具有私人性、专一性。

★ 礼品的包装要精致美观，吸引人。

★ 如有可能，亲自或者派人专门分发礼品。

★ 选择最佳赠送礼品的时机，给人留下更深的印象。

三、送礼的禁忌

产生禁忌大致有两个方面的原因：一是单纯的受赠者个人原因所造成的；二是由于风俗习惯、宗教信仰、文化背景以及职业道德等原因形成的公共禁忌。

1.个人禁忌

例如，向一位一直忌恨烟酒的长辈赠送烟酒，向一位刚刚和女朋友分手的男士送情侣表，这些都会造成对方的不愉快。还有可能是由于成长环境等引起的一些不愉快的记忆造成的禁忌。例如，一位女士由于小时候生病造成现在的行动不便，如果向她赠送鞋子，她可能会认为那是一种侮辱。

2.公共禁忌

送礼的公共禁忌主要表现在礼品的数量、种类、包装和颜色等方面。

（1）数字禁忌。数字在不同的国家、民族具有不同的象征意义。我们经常说"好事成双"，无论结婚、祝寿、送礼都要成双成对，忌讳单数。如"红包"、"喜钱"或"定钱"、"定礼"都要是双数或整数。在中国，6、8、9、3被认为是吉祥的数字，4、7则被认为是不吉利的数字。

"6"——"六六"大顺。"6"因与汉字"禄"同音，"禄"有福之意，所以"6"有吉祥之意。白族人，生了小孩会送小帽子、小衣裳、小披篷、小裹被、小裤子、小袜子6样；甚至别的如糖果之类的也会送6斤或者16斤。

"3"——神圣之数。《庄子》中写道"道生一、一生二、二生三、三生万物，万物负阴而抱阳，冲气以为和。""3"有表示万物起源的意思。在西方，古代的毕达哥拉斯将"3"视为完美的数字，"3"代表"开始，中期和终了"，说它具有神性。

"8"——"八八"发发。由于"8"是"发"的谐音，"发"又意味着发财，所以很多人都追求手机号码或车牌号中含有"8"，希望自己可以发财。

"9"——至高而长久。在中国古代，把个位数的单数叫阳数。"9"作为个位数最高之数，意味着阳数之巅，所以被称为"天数"。"九霄云外"、"九州大地"、"九泉之下"都意味着事物的极限。所以"9"在古代中国被认定为吉祥之数。"9"又与"久"谐音，有长长久久的意思，更加备受青睐。

"4"——不详之数。"4"的发音和"死"相近，在中国，甚至邻国朝鲜、日本，人们都习惯认为"4"是会带来厄运的数字。谈"4"色变不亚于西方人眼中的"13"。

"7"——奇异之数。《汉书律历志》有语"七者，天地四时人之始也。"《说文》有语"七，阳之正也。从一，微阴从中斜出也。" 七宗罪：傲慢、暴怒、懒惰、贪婪、嫉妒、暴食、淫欲。七美德：诚信、希望、慈善、正义、勇敢、节制、宽容。"7"即代表了好的，也代表了不好的。鉴于是个神秘的数字，还是不要出现在礼品中。

"13"——西方的"4"。在欧美人眼中，"13"是个非常不吉利的数字。"13"的恶名来自《圣经》：耶稣与门徒共进晚餐，耶稣严正地说："你们中有人出卖了我。"人们表情各异，只有犹大面如死灰。而那晚共进晚餐的有13人。这就是著名的最后的晚餐。在他们的生活中，门牌号、街道、楼层等都不会出现"13"。

"1"——孤单的数字。在印度文化中，"1"是一个很忌讳的数字。"1"是数字之始，万事开头难。送"1"有点儿要困难和对方时时过不去的意思。所以在印度，人们会避开这个数字。在中国，都说好事成双，"1"太单薄，也不太吉利。

"10"——失。"十全十美"，"10"有圆满的意思，而"满则溢"，所以中国人祝寿时经常是：60大寿59做，70大寿69做，以求吉利。

（2）品种禁忌。由于各个国家、民族的文化和习俗不同，礼品的象征意义也不同。所以在挑选礼品时，要考虑到这些方面。比如：在中国通常都不会把杯具作为礼物来送，是因为杯具和"悲剧"同一个发音；送钟有"送终"之意，一般情况下，人们都很忌讳送钟，特别是老人。还有伞，因为伞和"散"是谐音，送伞有可要结束一段关系之嫌。此外，由于中西方文化的巨大差别，在送给外国友人礼品时，一定要事先了解他们的风俗习惯和禁忌，以免造成不必要的尴尬。此外，值得注意的还有，由于宗教信仰的原因，一些礼物会触犯他们的禁忌。例如在中东、近东的穆斯林国家，伊斯兰教徒严禁偶像崇拜，因为这与伊斯兰教教义背道而驰。所以，诸如布娃娃、工艺品中的人物雕像等外形类似于人的东西，是绝对不能作为礼物的。不然，他们会认为是不尊重他们的宗教信仰。

四、国际商务礼品选择的注意事项

1．英国人注重浪漫

如果价格很高，就会被误认是一种贿赂。送一些高级巧克力、一两瓶名酒或鲜花，都能得到受礼者的喜欢。但要注意，最好不要送印有公司标记的。

2．法国人与艺术分不开

法国人崇尚艺术，因此，所送礼品最好带有一些艺术性，如有特色的仿古，他们就会很喜欢。如果应邀到法国人家中用餐，应带上几支不加捆扎的鲜花，但菊花必须除外。

3．德国人不爱尖锐

德国人很注意礼品的包装，切勿用白色、黑色或棕色的包装纸或丝带包扎。另外，不要送尖锐的东西，因为德国人视其为不祥之兆。

4．日本人忌讳4和9

给日本人赠送礼品，不要一次送4样或9样东西，因为"4"字在日文中与"死"谐音，而"9"则与"苦"字谐音。日本人喜欢名牌货，但对装饰着狐狸和獾的东西很反感。他们认为，狐狸是贪婪的象征，獾则代表狡诈。

5．俄罗斯人只爱西方名牌

礼品只要送名牌，特别是西方名牌货，不论礼品价值的高低，都容易获得他们的好感。从一盒"万宝路"香烟到一条LEVIS牌牛仔裤都会让他们十分满意。

6．非洲人注重实用

非洲人对礼品的价值不大讲究，但重视礼品的实用性，不宜送高档礼品。

7．阿拉伯人钟情简单

精美华丽的礼品，比平淡简单的礼品更受到钟情；有"名"的东西，比"无名"的古董更受到喜欢；智力玩具和工艺品，比单纯实用的东西更受到偏爱。但各种酒类，包括那些描绘有动物图案的礼品不受欢迎。

ETIQUETTE

第二节　商务礼品的赠送细节

我们生活在一个讲"礼"的环境里，如果你不讲"礼"，简直就是寸步难行。求人要送礼，联络关系要送礼，"以礼服人"、"礼多人不怪"，是古老的中国格言，它在今天仍十分实用。

调查研究指出，日本产品之所以能成功地打入美国市场，其中最秘密的武器是日本人的小礼品。换句话说，日本人是用小礼品打开美国市场的，小礼品在商务交际中起到了不可估量的作用。

下面介绍你不得不知的商务礼品赠送细节。

一、赠送商务礼品的方式

1. 赠送客户，使已有的关系得到进一步加强

许多精明的公司经常在客户定期购货后，与客户共进宴餐，或者是在其他活动结束后，给客户赠送礼品，达到感谢目的，同时又巩固、加强了公司与客户之间已有的良好关系。

2. 赠送消费者，提升公司或产品知名度

促销礼品可以促进商品的销售，同时加深了品牌印象。消费者保留促销的时间越长，则广告效果越持久、深刻。这种促销类的产品，在展会上出现得越来越多。

3. 赠送参会者，树立公司产品形象

会议礼品往往是会议参加者保存时间最长的会议纪念品，会议礼品是会议的精神传播者，可以为会议效果带来一定时间上的延续，也是企业形

象和商务影响力空间的拓展。会议礼品的选择要突出纪念性,讲究"礼轻情义重",还要体现民族和地方特色,要避免品种、色彩、图案、形状、数目和包装方面的禁忌。

二、选择最好的送礼时机

大多数礼品赠送者认为,选择送礼时间相当重要。对大多数公司来说,选择新春、元旦、中秋、圣诞节仍然是最流行的做法,但也有选择新公司的成立日、公司成立纪念日、大客户的生日、一个重要部门的领导需要公关时、感谢某人提供你获得生意的信息时、感谢一个同事或朋友把一个商业机会介绍给你时、感谢某人不计利益地在工作上帮助你时、恭喜某人高升、你的下属或是有业务往来的人结婚、生小孩、生日、重病初愈等时候。

有些公司习惯当面把礼品送给客户,如展销会、促销日以及订货会等。美国某制造公司的发言人说:"我们选择与生产线有关的礼品,在客户参观工厂时,我们就用礼品来吸引他们。我们送的礼品能使他们回想起参观活动,而且赠送的礼品能带回家。牛排餐刀对我们来说是极好的礼品,因为它是用我们自己生产的材料做成的。在订货会上,我们把不锈钢钢笔作为礼品赠送,笔上刻有公司标识,这将使客户永远记住我们公司,让他们为随身带着这样一只高质量钢笔而自豪。"

三、适当回赠礼物

中国有句俗话,"有来无往非礼也",有来访送礼,必有回拜还礼。通过还礼,主客关系得到相应的转化,收礼者又转变成送礼者。在中国,还礼中通常有二忌:一忌将原物送还,因为只有在拒收对方馈赠时才会这样做。二忌马上就作相应还礼,这也被认为有不愿接受对方礼物的嫌疑。

小贴士 6-2:国际商务礼仪中的颜色禁忌

世界各国有着不同的生活习俗和历史背景差异,所以对于颜色的喜好也各有不同。颜色可以象征人们的喜、怒、哀、乐，常常被用于各种礼仪场合。颜色在不同的国家会具有不同的含义，在国际商务交往中要避免触犯交往对象的颜色禁忌。

在西方，黑色是礼服用色。蒙古人则将黑色视为不祥之兆，认为它意味着不幸、贫穷。俄罗斯人也忌讳黑色，甚至传说黑猫会带来厄运。

在巴西，人们认为人死好比黄叶飘落，所以棕黄色象征死亡，视棕色为凶色。在叙利亚，黄色表示死亡。埃塞俄比亚人出门做客时不穿浅黄色衣服，他们在向死者表示哀悼时会穿浅黄色的衣服。基督教国家视黄色为禁忌色，因为出卖耶稣的叛徒犹大曾着黄色衣袍。在亚洲一些国家，黄色则是高贵的颜色，代表智慧和财富。在马来西亚，黄色是王公贵族的专用色。

阿拉伯人视绿色为生命之色，代表所信仰的伊斯兰教，并将绿色用于国旗上，国旗的橄榄绿在商业上是禁止使用的。日本人认为绿色不吉利。埃及人则视绿色为恶魔。英国人讨厌绿色，将橄榄色作为裹尸布的颜色。法国人和比利时等国的人看到墨绿色会联想到纳粹军服，所以讨厌墨绿色。

比利时人忌讳蓝色，遇到不详常以蓝色为标志。埃及人认为蓝色是恶魔的象征。在阿拉伯地区，蓝色是死亡的象征。在欧美基督教国家，蓝色是天国的象征色。

紫色在秘鲁，平时是禁用的，只有在10月举行宗教仪式时才开禁。在拉美地区大多数国家，紫色与死亡联系在一起。在巴西，紫色只在丧礼和扫墓时使用。在中国和日本，紫色常因代表庄重和高贵受到人们的喜爱。

土耳其人认为花色是凶兆，布置房间时不用花色。

白色在亚洲一些国家是丧服用色，在欧洲则代表纯洁和神圣。在欧洲，婚礼上用白花。在中国，丧礼上用白花。

红色在中国、印度等国家代表喜庆和幸福，是吉祥色。在阿拉伯地区和非洲一些国家，如尼日利亚以及墨西哥，红色不受欢迎，认为有晦气之意。

在瑞典，蓝色和黄色为国旗的颜色，不宜作为商用。

第七章
职场修炼法则

ETIQUETTE

工作撵跑三个魔鬼：无聊、堕落和贫穷。

——伏尔泰

朝着一定目标走去是"志"，一鼓作气中途绝不停止是"气"，
两者合起来就是"志气"。一切事业的成败都取决于此。

——戴尔·卡耐基

第一节　职业生涯规划：事业成功的开始

职业生涯规划是指针对个人职业选择的主观和客观因素进行分析和测定，确定个人的奋斗目标，并努力实现这一目标。换句话说，职业生涯规划要求根据自身的兴趣、特点，将自己定位在一个最能发挥自己特长的位置，选择最适合自己的事业。

一、没有目标是失败的根源

【案例】　有一年，一群意气风发的天之骄子从哈佛大学毕业了，他们即将踏上自己的职场旅程。他们的智力、学历、环境条件都相差无几。临出校门时，学校对他们进行了一次关于人生目标的调查，结果如下：

27%的人，没有目标。

60%的人，目标模糊。

10%的人，有清晰但比较短期的目标。

3%的人，有清晰而长远的目标。

25年后，哈佛再次对这群学生进行了跟踪调查。结果又是这样的：

3%的人，25年间他们朝着一个方向不懈努力，几乎都成为社会各界的成功人士，其中不乏行业领袖，社会精英。

10%的人，他们的短期目标不断地实现，成为各个领域中的专业人士，大都生活在社会的中上层。

60%的人，他们安稳地生活与工作，但都没有什么特别成绩，几乎都生活在社会的中下层。

剩下的27%的人，他们的生活没有目标，过得很不如意，并且常常在抱怨他人、抱怨社会、抱怨这个"不肯给他们机会"的世界。

其实，他们之间的差别仅仅在于：25年前，他们中的一些人清楚地知道他们的方向是什么，目标在哪里，而另外一些人则不清楚或不是很清楚。

从上面的案例看出，87%的哈佛毕业生因为没有目标而走向失败。对于职场新人来说，没有目标是走向失败的根源。在职场上，成功的人往往都是忙碌的，因为他们在有计划、有方向地为他们的目标行动着。失败的人虽然也忙碌，但更多的人是重复性地忙碌，个人能力没有提升，工资没有上涨，属于典型的"穷忙族"。还有一些人竟然在职场上无所事事，不知道要干什么，这就更加可怕了。

没有目标，你就无法构建你的职业支持体系，比如你的核心竞争力和知识体系，从而导致职场生存基础的丧失。同时，没有目标也意味着对生活的追求丧失；追求的丧失，又意味着对生活动力的丧失；生活动力的丧失又会导致心态的失衡，并最终导致职业失败。这些最终都会形成一个恶性循环，见图7-1。

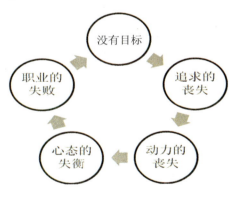

图7-1 目标与职业成败的关系——6SHT

那么如何找准目标，规划自己的未来呢？这就需要对自己进行职业生涯的规划。

二、职业生涯规划的四个步骤

第一步，职业远景观测：我最想干什么？

拿出一支笔和一张白纸，写下你所有曾经梦想过的、曾经渴望过的职业。你可以用以下问题引导自己：假如重新给你一次选择的机会，你最想干的工作是什么？你心目中的职业导师是谁？你渴望成为什么样的人？哪些事情一想起来，就令你感觉"浑身是劲儿"？假如一切条件都具备，你最想干的是什么？

1. _____

2. _____

3. _____

4. _____

5. _____

第二步，SWOT分析与职业规划。

认识自己，了解自己所处的环境，是我们在职业生涯的任何一个阶段都要做的事情。希腊古城特尔斐的阿波罗神殿上刻有七句名言，其中流传最广、影响最深的一句是"人啊，认识你自己"。苏格拉底也曾说过类似的话。

实际上，我们在进行职业生涯规划时，对自己、对未来的认识未必清楚，多少有些盲目性。而SWOT分析是了解我们自己和环境最简单的方法。SWOT就是优势（Strength）、劣势（Weakness）、机会（Opportunity）和威胁（Threat）四个英文单词的首字母缩写。下面具体研究一下如何对个人做SWOT分析。通过认真细致地对自己进行SWOT分析，那么就会明确自己的优点和弱点，以及职业生涯中的机会和威胁所在。

（1）自身分析。在表7-1上列出自己的优势和长处，包括性格、技能、学历等，越多越好；再列出自己的劣势和不足，同样也是越多越好，并按照重要性排出五项优点和五项不足，这样你就可以对自己的优势和劣势有明确的了解。当然，你也可以让你的父母、朋友等熟悉你的人为你做分析，这样会更全面、更客观地指出你的优势和劣势，你可以考虑改进它们使之不再成为职业道路上的"绊脚石"。

表7-1 SWOT分析与行动计划——6SHT

个人优势和劣势 行业或职业 存在的机会和威胁	优势（Strength）	劣势（Weakness）
	1. 2. ……	1. 2. ……
机会（Opportunity）	SO行动计划	WO行动计划
1. 2. ……	1. 2. ……	1. 2. ……
威胁（Threat）	ST行动计划	WT行动计划
1. 2. ……	1. 2. ……	1. 2. ……

（2）环境分析。根据自己的优势和劣势，选择一两个你感兴趣的行业和职业进行研究，研究他们所面临的机会和威胁。行业选择对个人来说非常重要。俗话说"男怕入错行，女怕嫁错郎"。要选择有发展前景的行业而不要选择夕阳产业。对于职业选择，虽然大学时所学的专业对找工作有很大的影响，但是专业不对口的情况也非常普遍，要选择自己喜欢并且有"前途"和"钱途"的职业。做行业分析和职业分析比较辛苦，需要花大量的时间来搜集、整理资料，进行分析和抉择。

第三步，为自己制订五年规划。

将前面两个步骤综合起来分析，列出你最希望实现的目标，如职位、薪水、技能。通过这些目标来激励自己今后努力工作实现自己的目标。无论你希望达到什么目标，都应该让自己通过五年的工作在所在行业成为"专家"级别的人物。

第四步，制订行动计划。

有了目标后，就要由相应的行动来实现它。宏伟的计划和目标必须一步一步地积累才能实现，要把长期目标分解为短期目标，再由短期目标生成一个一个的具体行动计划，如此才能实现你的五年规划。表7-1是根据SWOT分析后形成的4个行动计划，分别是SO、WO、ST、WT行动计划。

三、确立职业目标的三大谬论和三大准则

谬论一：干一行，爱一行

当很多人没有办法去全身心地投入工作的时候，通常会被斥责为"没有职业精神"，并且被告知要"干一行，爱一行"。但是，当你因为种种原因而讨厌一份工作时，你实在没有办法"爱"上它。否则，让这种痛苦的"爱"持续你的整个职业生涯，你的全部生活将会在痛苦中度过，你的生活也没有任何乐趣可言。

找工作就像谈恋爱一样。如果你只是为了结婚而随便找一个你并不喜欢的人，这种生活将是没有滋味的。同样，如果你为了生存而找一份你并不喜欢的工作，你注定要牺牲你的个人兴趣。从事自己不喜欢的工作，会带着抵触情绪，完全是在应付，根本谈不上在工作中成长。很多人工作一两年之后，便完全对工作失去了兴趣。甚至刚工作两三个月便对工作产生了极度的厌倦，于是就不断跳槽。这种现象在职场已经是屡见不鲜。

准则一：从事喜欢的职业

工作的最高境界，就是把工作当成乐趣。从事自己喜欢的工作，工作不仅仅是工作，而是一种享受乐趣的过程。这种乐趣，会给你带来源源不断的动力支持，并帮助你在事业上走得更远、更坚定。

在评估过自己的能力、特长和专业方向之后，一定要听从心的选择。很多年轻人容易被物质条件、社会评价和同龄攀比等多种因素影响了自己的判断和选择。相信自己的直觉，在判断自己的职业前景时一定要让心说话：我会热爱这样的职业，我有能力接受职业带来的挑战，我相信自己会干出好成绩……如果有了这样的召唤，请不要再犹豫和彷徨。

谬论二：只要功夫深，铁杵磨成针

很多人都有非常强烈的成功欲望，但仅仅有还不够。有成功的欲望未必就能成功。当失败接踵而来时，很多人也会反思，但他们最终反思的结果，不是将失败归因于职业方向的选择，而是归罪于自己的努力不够。他们不会去想，为什么铁杵一定要磨成针呢？社会需要针，难道就不需要铁杵吗？我们天生是不一样的，你是"铁杵"我是"针"，你和我一样有用武之地，你当一流"铁杵"，我当一流"针"，为什么一定要让"铁杵"

变成"针"去做"针"的事情呢？在他们的潜意识里，始终相信"勤能补拙"、"只要功夫深，铁杵磨成针"这样的古训。

努力重要吗？答案是肯定的。努力不一定有回报，但如果不努力，则一定没有回报！

比努力更重要的是什么？答案是：努力的方向！

做正确的事永远比正确地做事重要。如果一开始努力的方向就错了，你越努力，离成功也就越来越远。

因此，当你失败的时候，你不仅要考虑到自己是否努力，更重要的是，你要认真反思一下：眼前的这条路，到底是否适合你？埋头苦干的同时，也不要忘记停下来，看看脚下的路是否通向自己想要到达的地方。

准则二：从事适合的职业

"从事适合的职业"就是"做回我自己"，从事适合我自己的职业，代表了五层意思：

（1）从事"做回我自己"的职业就是从事"最有工作满足感"的职业，就是每天享受工作，而不是每天厌烦上班、对从事的工作感到厌倦甚至痛苦。

（2）从事"做回我自己"的职业就是从事"进步和发展最快"的职业，最能发挥自己的性格和天赋优势，是职业发展的最佳路径。

（3）从事"做回我自己"的职业就是从事"一生长期发展"的职业，能取得一生职业生涯长期的成功，而不是依赖某个偶然机会的短时间内的成功。对有些人来说，适合的职业意味着对他是最好的职业，不是唯一可以做得来的职业；对于另一部分人来说，适合的职业可能意味着是唯一能够持续发展的职业，不适合的职业很难持续发展下去。

（4）从事"做回我自己"的职业就是从事"最成功"的职业，能最大限度地发挥自己的潜力，在这个职业上能发展到很高的层次，能取得自己可以获得的最大的成功。

（5）从事"做回我自己"的职业就是从事"最有竞争优势"的职业，与其他人竞争时，有最重要的优势——性格和天赋优势。因为即使一个人有专业方面的优势或经验上的优势，大家都从事同样的工作一段时间后，有性格和天赋优势的人进步更快，在知识和技能上会逐步赶上并超过仅仅有专业优势或经验优势的人。

谬论三：木桶理论

每个人天生都不是完美的，都有长处和短处。但遗憾的是，80%的人

图7-2　木桶理论

把80%的时间放在自己的短处上面，却对自己的长处视而不见。流传甚广的"木桶理论"也成为这些人勇往直前的"思想武器"：一只木桶能盛多少水，并不取决于最长的那块木板，而是取决于最短的那块木板。这个理论也可称为"短板效应"。一个木桶无论有多高，它盛水的高度取决于其中最低的那块木板。特别是这一理论在经过无数培训师激情四射的演讲后，在很多人大脑里已经根深蒂固！于是，"补短"也就成为很多怀有梦想的人走向成功的必修课，即使撞得头破血流，也不回头！

这种理论在中国企业中被过度放大甚至神化，已经成为严重束缚企业发展乃至个人职业成长的枷锁。于是，几乎所有的员工，甚至未出校门的大学生，都把"补短"当成了重中之重。明明不善言辞，却想通过从事营销工作提高自己交际能力，抱有这种想法的人，90%以上都无法在营销方面获得成功，业绩平平，内心痛苦不堪，工作两三年之后因为无法胜任而不得不再次进行职业选择。

准则三：从事擅长的职业

在这里并不是说"补短"不重要，相比较而言，"补短"能使我们达到"及格"，而发挥优势则能使我们达到"优秀"。在现实工作中，

"及格"是远远不够的，这只能保证我们不被淘汰；而优秀则会为我们事业的成功贡献更多的筹码。做自己天生就擅长的事，才是走向成功的终极密码。

这种擅长的能力，美国数学家盖洛普将其称为"才干"，而中国人更习惯将其称为"天赋"。把80%的精力放在优势上面，把你本来具备优势的东西锤炼得炉火纯青，力争达到90分甚至100分，这才是你的核心竞争力。而对于自己的弱势，只需要花20%的精力做到及格即可。

找准属于自己的道路，踏踏实实干适合自己的事，充分发挥自己的优势。如果你看不到自己的优势，甚至对自己失去信心，这是你最大的遗憾。自尊和自信来源于对自己优势的确认，以及随之而来的对自我价值的肯定。确认自己的优势是人的"精神生长点"。你必须独具慧眼，善于发现自我，把握自己这一最重要的"精神生长点"。

第二节 职场关系应对：玩转职场的智慧

职场中的人际关系，其实并不复杂。只要以"平等、真诚、友爱、互助"的态度用心经营，并掌握有效的应对技巧，就能享受快乐的人际关系。人际关系讲究的就是如何与别人和谐相处，这是一门艺术、一门学问。但人际关系又是一道门槛，尤其对于初涉职场的应届生来说，先学会与同事相处要比学习业务更重要。这道门槛若跨不过去，职场之路难免磕磕碰碰。

一、快速融入职场生活

在面对新环境时如何才能不胆怯并快速成为其中的一员呢？我们可以从以下技巧开始：

1．穿着风格向新团队靠拢

要想快速融入新环境，应该从穿着入手，也就是说你的穿着要尽可能地向公司同事的穿着风格靠拢。心理学家指出，人们都容易有一种相似相惜的心理，当对方发现你和他有相同的兴趣、爱好或其他相似点时，两人的思想就很容易产生共鸣。根据这种心理，我们在与新同事交往时，就应该积极地"投其所好"，和整个团队保持基本统一。如果你穿衣过分强调个性，而其他同事穿衣都很低调，那么你在整个环境里会显得格格不入，这不利于你快速融入新的环境。

2．生活习惯向新同事靠拢

一个团队经过长期的磨合，一般都会形成比较固定的生活习惯，比如几点吃午饭，去哪儿吃，一起吃还是各自分散吃。这种日常的生活习惯，你应该跟同事保持一致，这样同事才不会特别注意到你是"新来的"，试想如果你在别人去吃饭时还在工作，而在别人休息或工作时去吃饭，这就会给别人带来困扰，别人会因此以为你是"异类"。相反，一切跟着团队的步伐走，情况就会乐观许多，假如公司同事喜欢邀约一起去吃饭，一定不要做"独行侠"，要积极参与到同事中，利用吃饭、休息的时间和同事拉近关系。

3．真诚地对待周围的同事

人际交往的心理规则告诉我们，一个人最重要的是真诚。真诚会让对方在交往中感到安全，这种安全感会让人们对彼此产生信任。在进入一个新环境时，我们要真诚地对待周围的同事。与同事交谈时，要看着对方的眼睛，眼神要笃定，坐姿要端正；当同事需要你的建议时，我们要真诚地给出建议；当同事遇到困难时，要真诚无私地援助。

4．从心理上融入同事当中

初入新环境，最重要的不是去找"不同"，而是要找"相同"。"同事们都来自名校"、"同事们都是行业系统的子女"、"同事都是本地人"……很多职场新人无形中给自己设置了各种各样的壁垒，从心理上把自己隔离在了环境之外。这些人往往忽视了一点：我们和老同事都是组织中的一员。作为新职员，我们应该从心理上接纳自己，以主人翁的心态去看待周围的环境，尽快熟悉整个组织的运作流程。

二、你应该知道的办公室礼仪

办公室是处理公务的场所，办公室的礼仪不仅是对同事的尊重和对公司文化的认同，更重要的是每个人为人处世，礼貌待人的最直接表现。办公室礼仪涵盖的范围其实不少，但凡电话、接待、会议、网络、公务、公关、沟通等都有各式各样的礼仪。其实，在办公室遵守礼仪，是职场人士的基本要求，根本不需要被人刻意强调。

1．办公场所安静最重要

无论是在自己的公司还是在你拜访的公司，走通道、过走廊时要放轻脚步，遇到上司或客户要礼让，不能抢行。此外，即使心情再好也不要在走廊中唱歌或吹口哨，也许此时别人正在专心工作，你的歌声或口哨声可能会打扰到他。

2．仪表要得体

办公室的着装要与工作气氛协调。背心、短裤和拖鞋都不适合在办公室穿着，化名为"凉鞋"的拖鞋也应该避免出现。女性职员化妆应给人清洁、健康的印象，尽量选用淡色指甲油及味道清淡的香水。

3．勿将办公桌当作物品展台

办公桌上的陈设要整齐利落，千万要避免陈列过多的私人物品，否则被访客当作是公司的产品展台。要想通过办公桌展示你的个性，小株绿色植物是不错的选择。

4．办公室拒绝"情绪污染"

每个人都有情绪不好的时候，但我们不能把情绪带进办公室。在办公室里大哭、大叫或做其他情绪冲动的事情不但不会为你博得同情反而会增加烦恼。如果实在忍不住悲伤或者控制不住愤怒，建议你去洗手间或离开办公室，做深呼吸或其他能让你平静下来的事情。

5．电话不宜久聊

尽量不要利用办公室电话打私人电话，即使是公事，也不要长时间通话。如果经常因公事打一刻钟以上的电话，不会被认为是工作认真负责的表现，别人还有可能因此怀疑你的工作能力。

6．养成守时的习惯

要想在职场中获得成功，必须养成守时的习惯，一般而言，每天你至少应该提前10分钟到达办公室，这个习惯一方面可以让你显得恪尽职守，另外，它对于顺利地开始一天的工作也是非常重要的。虽然是5分钟、10分钟，你却能利用这点时间做好当天工作的准备，以饱满的状态投入工作。相反，如果你上班或赴约迟到了，即使是几分钟，也会让你显得缺乏敬业精神。即使上司或同事对你没说什么，但并不表示他们毫不在乎。想想看，重任或奖金怎么会落到一个天天迟到的人头上呢?

7．学会为单位节约

经济全球化使企业之间的竞争越来越激烈，面临的形势也越来越严峻。为此，除了提高产品的市场竞争力之外，有效地降低运营成本已经成为越来越多的企业竞相追逐的目标。因此，作为单位的一员，树立成本意识，养成节约习惯，对于维护单位利益和个人发展都具有非常重要的意义。所有的上司都知道，只有节约的员工才会更忠诚于自己的单位。把单位财产当做自己的财产一样来珍惜，是一个优秀员工的必备品德。

节约是一种品质，是一种精神，是一种教养，是一种美德，节约更能创造价值。拉一下灯、省一张纸……虽然这些看起来都是小事，但这些细小的环节加在一起，就可能决定一个单位的成败。良好节约习惯的形成，需要从小事做起。

三、职场"厚黑学"

有人的地方就有江湖，但是职场中并不完全是"潜伏"、"潜规则"、"厚黑学"和"办公室政治"，如果有人把这些当作职场关系的全部，那么，这个人的职业生涯就不会很顺利。然而，为了更好地做好自己的工作，适度地了解职场规则是有益的，我们必须要学会如何与上司、与同事沟通和保持良好关系。

1. 读懂"办公室政治"

人们一提到"办公室政治"，脑海里浮现的都是相互倾轧、相互拆台、背后放冷箭等肮脏龌龊的事情。事实上，"办公室政治"是组织中真实存在并且也是不可避免的。对于职场新人来说，了解、掌握"办公室政治"才能有助于自己的职业生涯。把"政治"当作无能的借口，或者沮丧的出口，都是很容易的。但是，把"政治"当作一种方法，就能把事情处理得更为有效。

无论你是处于公司的什么职位，"办公室政治"都存在。人们通过"政治"与别人交往，其实，"政治"是人性的一部分，明确了这一点，有助于人们正确对待"办公室政治"。既然"办公室政治"是无可避免的，那么，作为新员工如何才能在这种游戏中游刃有余呢？下面的一些方法可能对你有所帮助。

（1）绘制一张"政治"地图。每当你准备做些改变时，给不同的利益相关人士绘制一张地图，从政治的角度来分析他们。哪些人你认为会受其影响，是正面的还是负面的？哪些人应该参与决策？哪些人有可能会影响到决策？哪些人将是你最有力的支持者，哪些人又是反对者？

（2）忠于职守型策略。就是认认真真干好自己分内的事，既不惹是生非，也不帮助或主动影响其他部门或同事。完全遵循企业已经存在的相对比较成熟的工作、政治"潜规则"办事，满足企业老板和其他同事对自己的工作、政治期望。

这个策略的好处是简单正确，无须付出太多心思去经营自己的政治关系，在公司完全以纯粹、普遍的工作合作关系为主。坏处基本上没有，但一旦自己或自己部门遇到问题，因为没有朋友，所以没有人会帮助你和你的部门说话。可是任何一个部门或个人总有需要其他人或部门帮助的时候。因此，忠于职守型策略属于合格的没有毛病的基本策略，但远非最佳策略。

（3）友好帮助型策略。友好帮助型策略是在完成自己个人或部门本职工作外，经常有意识地主动关心、帮助其他同事或部门完成他们的工作。这一策略的实质是主动为工作付出更多，不能只顾自己还要服务他人。这样做一方面是向其他部门或个人表示友好之情，另一方面也是希望其他部门或同事能够投桃报李，在自己需要帮助时能够马上伸出援手。这种策略比忠于职守型高明，它能够帮助管理者通过正面的帮助行为改善自己与其他部门或个人的关系，也能够给自己在公司的声誉、地位巩固、提升带来一定但并非决定性的政治价值。

（4）换位思考策略。永远站在上司的立场上思考问题。一般情况下，你的上司是对你和你的同事影响最大的人。你的上司如何对你，决定了你的同事对你的态度。无论在任何场合，也无论自己是否真的认同，都将自己坚决、毫无保留地装扮成老板的附议者，以此博得老板必要的安全信任度，提高自己在公司中的地位和影响力，然后通过事先、事后与老板的私下沟通建议，来影响老板的决策意见。如果你能帮助到你的上司，赢得上司对你的欣赏，那么，你在办公室的地位就会提高。在帮助你上司成功的同时，其实也是在帮助你自己，因为如果你的上司能够获得晋升，那么对于他有帮助的你，自然就有可能接替他的位置。

2．解决"踢皮球"的难题

在职场实际工作中，总会有一些模糊地带，可以让这个部门的人来做，也可以让那个部门的人来做。而且，很多人普遍抱着"多一事不如少一事"、"多做多错，少做少错，不做不错"以及"一开始就接下来我做，以后这类事情都得我做了"这样的心态，尤其是遇到棘手的工作，特别是需要部门之间协调的事情，就更容易"踢皮球"。

作为职场新人，很容易接到老员工踢来的"皮球"。对于其他部门踢过来的"皮球"要特别小心，有的时候可能新员工觉得，自己新来的多做一些，这些在部门内部可能关系还不大，涉及其他部门就要注意了。因为，有些事情可能不属于本部门的工作范围，又特别棘手，容易处理不好，如果接下来做，自己很可能处理不好，到最后，自己部门的经理会认为你太笨，没事找事做，结果还把他也牵扯到里面去了。所以碰到这样的情况，最好的办法就是告诉对方，这件事情自己做不了主，让他找你的部门领导。这样即使真该你做，也是部门领导分配给你的任务了，至于部门经理之间怎么商量协调，员工就不用管了。

3．"管理"你的上司

"管理"上司这种说法来自于管理大师德鲁克的话："管理上司是下属的责任和成为卓有成效经理人的关键……你不必去喜欢和尊重你的上司，也不必去恨他，然而你必须去'管理'他，这样他才会成为你达到目

标、实现个人成功的资源。"其实，除了反授权以外，其余的所谓"管理你的上司"都不是什么真正的管理你的上司，而是向上沟通的一种方式而已。这样的沟通对于我们做好工作的确是有帮助，因为上司的权力和人际能力比员工强大，有上司帮助，很多事情会好办很多。

上司可以帮助你做的事情有哪些？第一，在工作中帮你分清轻重缓急，重要急迫的事情自然要让你先做。听上司的总没有错。第二，确认你的想法。知道你在想些什么，以及你如何开展，以确保任务能够完成。对上司来说就是向下沟通，这种沟通也十分必要。第三，为你提供完成工作必要的信息。很多必要的信息可能你并不能首先接触到，那么上司可以帮助你把这些信息转告给你，让你不会在工作中走弯路，当然信息也就是权力了，这也是上司展现权力的时候。第四，对你的工作进行反馈。你究竟做得如何，需要上司做出评估，这样的评估可以帮助你认识到工作中的不足，也可以让你更好地开展工作。第五，在你和其他部门沟通遇到困难时，帮助你和其他人进行协调。有些跨部门的工作，只有通过自己的上司和对方部门的上司进行沟通才能解决。第六，如果你工作没按计划进行，还能帮助你工作走上正轨。第七，为完成跨部门的工作，帮你整合组织资源。这些工作其实是很琐碎的一些工作。因此为了做好工作，你得维护和你上司沟通的途径和方法，这很可能是你工作圆满完成的唯一关键因素。做好沟通工作，有意识地和上司保持一致，这对你、你的上司和公司都有好处。那么，如何"管理"我们的上司呢？这里有几个要点需要注意：

（1）见上司之长。你的上司的长处是什么？短处是什么？这是你要搞清的两大问题。然后再问自己：我怎样做，才能帮助上司发挥其所长？我怎样做，才能避免上司暴露其所短？

比如说，如果你是销售经理，你的上司是销售总监。你的上司擅长的是培训新销售员，而非制定销售员的薪酬体系。如果你希望对现行薪酬体系进行改革，那么就不要只是对上司大谈特谈现有体系多么不合理，多么需要改变，而是拿出一个具体的新方案来供上司参考。不然，上司会因为听到要制定新方案就头都大了，而搁置你的要求。

同时，你不要为你的上司不擅长制定薪酬考核体系而烦恼，而应该把注意力集中在上司擅长的事情上，多向他请教怎么培训新销售员。你甚至应该高兴，你的上司有不擅长的事情，因为这正是你可以助一臂之力的时候。

不要轻视上司，这是德鲁克说的"管理"上司的两个大忌之一。

（2）识上司之异。你上司的工作风格是什么？没有两个人按完全相同的方式工作，你一定要发现上司独特的工作风格。

他是喜欢下属口头汇报，还是书面汇报？一般说来，人可以分为阅读型和倾听型两种。如果他是阅读型的，你就不要老是给他打电话，而是写书面报告。如果他是倾听型的，你就不要老是给他写邮件，却为等不来回复而苦恼，而是找他当面汇报或者打电话。

汇报工作时居然接电话！

他是关注结果，还是只关注过程？他是否关注细节？有的上司只关注结果，你不需要汇报具体过程，可以等项目有了结果再汇报。有的上司不但关注过程，而且对细节很敏感，那么你应该详细汇报项目进行过程中的具体细节。

他什么时间不希望被打扰？什么时间想听汇报？有的上司把早晨作为自己运筹帷幄、思考大局的时间，而有的上司则一上班就召集下属听取汇报、布置任务，你要搞清楚他的活动规律，找到合适的时间去汇报工作。

（3）怎样面对上司的错误决策？上司在日常工作中，不可避免地会做出一些错误的决策。作为下属，你绝不能坐视不管。

首先，在错误发生之前就要尽量说服上司改变策略或收回成命。你要收集充分的信息，准备强有力的理由，并一定要提供替代的解决方案。如果你只是把问题提出来或只是说上司这样做不妥，那你与其他人并无区别，而且上司会认为你故意添乱。

其次，如果上司仍坚持己见，你的劝解一定要适可而止。上司毕竟是上司，要顾及他的颜面，尤其不能在许多人面前公然抗命，批其逆鳞。同时，也需要你反躬自省，为什么没有让上司改变他原来的想法，是自己的说服力不强？还是没有赢得他的信任？还是上司的决定与他的个人私利密切相关？

最后，如果上司接受了你的建议，而且后来真的如你所言，取得了很好的效果，避免了失误，你也一定不要四处夸耀，生怕别人不知道你曾有高于上司的先见之明。一定要在你的舌头上锁住"如果不是我事先提醒……"这几个字，否则，你的上司不仅今后不会虚心采纳你的建议，很有可能对你产生敌意。相反，如果你行为低调，将成绩全部归功于上司，就会有另一番景象——上司不会忘记你的默契配合，他会在晋升人选的讨论或年终奖金中表达他的感激之情。

（4）学会抱怨。我们经常能听到的一句话是"会哭的孩子有奶吃"，事实也真是这样。适度的抱怨能够获得更多的资源和支持。当然，抱怨也是门艺术，不恰当的抱怨，只会惹恼上司，以为你不愿意好好干活，这样就亏大了。抱怨也是一种向上沟通的方式，这要看你会不会用了。

好的"抱怨"应该是这样：第一，你的抱怨是明确而清楚的，只是陈述事情的本身，并非责怪于人或者是推卸责任。让你的上司知道事情的真实情况，推卸责任是最让人烦的了，你要确立的基调是解决问题。第二，明确说明或者隐含的说明上司曾经答应的事情，他没有办到。例如，你说："这周三让小王把计划进度反馈给你，你再给我，但是现在周四了我还没收到你的邮件。"第三，明确说明怎么样才能解决你的问题，越详细越好。这样上司能够很快对你的问题做出反应和决策，而不是在那里考虑如何解决你的问题。第四，要求上司对达成的讨论结果做出明确答复。

（5）建立和上司的信任关系。"管理"你的上司关键就是要建立信任。信任的建立是一个长期的过程，可是破毁彼此之间的信任，只需要一件事情就够了。在工作中你得时刻注意遵守自己的承诺，并在工作期限到来之前把所有的工作做好，努力保持正直、诚实和可以信任的形象。你的正面形象不仅会影响到上司对你的看法，也会影响你周围的人，这样以后遇到问题的时候，你可以获得上司的支持。

上司永远是上司。但是，如果通过你的有效沟通能够解决问题、增加你的影响力和工作满意度的话，何乐而不为呢？小小的努力，也许会让你受益匪浅。

第三节　潜心修炼：职业长青的秘诀

要想在职场中有所作为，获得职业树的长青，职场人就需要潜心修炼。为了更好地开展工作，职场人就必须培养和提高自己的职商；为了与上司、同事保持良好的关系，职场人就必须适度地了解职场的规则；为了调和职业和家庭的矛盾，职场人就必须找到工作与生活两个层面的平衡点。

一、如何培养和提高职商

职商(career capability quotient)，简称CQ，全称职业智商。就职商的内涵而言，它是工作时智商与情商的综合体验。职商是一种包含了判断能力、精神气质、积极态度的综合智慧，它关乎自我与工作、现状与发展的契合度。

1．职商内涵

"职商"这一新词的含义可以缩写为"EELTAP"，E(第一个)，Education，教育，是最基本的因素；E(第二个)，Experience，人生经验，包括社会经验和家庭经验；L，Leadership，领袖气质，领导才能；T，Teamspirit，集体主义精神，是指能够与人合作，因为一个人永远是势单力薄；A，Attitude，态度，生活积极的态度；P是双重意义，一是Passion，热情；二是Performance，效益，对工作的热情一定会产生效益。

职商内涵主要有四个方面：一是职业化的工作技能，也就是"具备做事的能力"；二是职业化的工作形象，也就是"看起来像那一行的人"；三是职业化的工作态度，即"用心把事情做好"；四是职业化的工作道德，也就是"对一个品牌信誉的坚持"。

2．职商内容

职商内容主要包括四个方面：职业道德、职业思想（意识）、职业行为习惯和职业技能。前三项是职业素养，而职业技能是职业支撑。企业在评价一个人时，通常将职业素养与职业技能以6.5∶3.5的比例进行划分。

其中，职业道德、职业思想和职业行为习惯又属世界观、价值观、人生观范畴的产物，是生活、工作过程中逐步形成，逐渐完善的。而职业技能可以通过学习、培训比较容易获得，如人们可以通过几年的时间掌握一些技术，并在实践中日渐成熟而成为专家。

3．修炼高"职商"

职业顾问认为，职业生涯需要经营，跳槽切忌漫无目标，提高"职商"要从两方面入手：

（1）职业定位与分析。根据专业的职业生涯科学理论，职业定位要从个人行为、能力和动力三方面考虑。行为是对个人职业生涯经历的分析，揭示个人职业发展过程的亮点；能力揭示个人的职业能力和潜力；动力是指个人兴趣、职业气质和倾向性等，是人职匹配度的基础。职业定位可以通过科学的专业测评得出。

（2）岗位要求调查分析。在掌握行业动态信息的基础上，分析岗位特点，分析岗位是对就职人员综合能力素质的要求。将个人特质与条件、要求相对照，找到就业的优势与差距，差距在哪里、差距有多少等劣势信息。进一步对个人的职业发展目标进行具体锁定。

通过对上面的分析，要解决以下问题：自己对下一步的发展有清晰的职业计划吗？如何实现它们？对于职业目标是否有充分了解？自己的志向适合自我发展需要吗？在分析这些问题时，可充分借助职业顾问的帮助尽快发现真正的自己，找到最适合自己发展的那条路。

要注意的是，高智商并不等于高"职商"，每一个职场人士都要不断思考和学习才能掌握自己职业发展规律，进行职业生涯发展规划，提高自己的"职商"，提高自己的职场生存能力。

二、关系比能力更重要

人际网络是一个无形的平台，在竞争、提升中会给你增加无形的筹码。拥有了广泛的人际关系，你会最快地了解、知晓一些内情或者最新信息，机遇从身边经过时也就能够迅速抓住。职场生涯中，打通了人际"关节"，也就成功了一半。

【案例】 安徽绩溪有一位年轻人，他的家族世代经商。20岁那年，他偶遇了一位名叫王有龄的落魄书生。王有龄诗书满腹，可惜家徒四壁，只是穷秀才一个。但这位年轻人却主动出资帮助王有龄应考。若干年后，王有龄成为权重一方的京官，而年轻人也倚仗王有龄的支持，生意发达。这位年轻人就是胡雪岩，一代徽商。胡雪岩的成功无非是他人生经验的成功，他一直以助人就是助己为第一教条，他之所以暴发并进入权力中心，有人以蜘蛛结网的智慧喻之。

胡雪岩的成功已成为MBA的一个经典案例，虽然对红顶商人的经营之道世人褒贬不一，但作为一个商人，能像蜘蛛那样结网，顺势而上，不能不说是一种朴素的智慧。

对于职场新人如何开始建立自己的人际关系网，下面是一些建议：

1. 人际交往中需要真诚

真诚不仅在亲情交往中需要，就是在复杂的社会交往中，也非常需要真诚。每个人都有被关怀、被爱的强烈需求。要想拥有良好的人际关系网，不仅要对你的行为作出承诺，并且实践你的承诺。勇于承担你对身边朋友的责任感。不要总想做一个接受者，人际关系要以互惠互利为准则，要主动、乐于帮助他人。

2. 多认识一些带"圈"的朋友

多认识一些带"圈"的朋友，意思是多认识一些朋友多的人。每个人的人际网是不一样的，朋友身边的朋友也有可能成为你的朋友。这就如同数学的乘方，以这样的方式来建立人际网，速度是惊人的。

带"圈"子的人和不带"圈"子的人的附加值是不一样的。我们知道在人际网中，朋友的介绍相当于信用担保，朋友要把你介绍给其他人，就意味着朋友是为你做担保。基于这一点，你可以请你的朋友多介绍他的朋友给你认识。认识一些带"圈"的朋友很重要的一点就是可以弥补我们个人在社会关系中的不足。

3.与每个人都保持积极的联系

大多数的职业人都会因工作角色接触到很多新的工作伙伴、合作伙伴，那么一定不要在获得名片之后将它放到名片夹里就万事大吉了。人际交往中有一个规律——如果你想与一个人保持一定强度的联系，那么在获得他（她）的名片或彼此交换联络方式后的两三天内，一定要以合适的理由或借口给对方打个电话，以加深印象。

《纽约时报》的记者在采访美国前总统克林顿时，想知道他是如何保持自己的政治关系网的。克林顿回答说："每天晚上睡觉前，我会在一张卡片上列出我当天联系过的每一个人，注明重要细节、时间、会晤地点和其他一些相关信息，然后添加到秘书为我建立的关系网数据库中。这些年来正是这些朋友帮了我不少忙。"

4.保持一颗良好的心态

要建立好关系网，在心态上要成为一名自愿者。如果不是出于自愿，你就不会尽全力去经营，也就不会得到丰厚的回报。保持一颗良好的心态，心中充满善意，你在和其他人的共同行动中，就会得到肯定的反应。对自己充满信心了才能结交更多的朋友，才能更好地与周围人分享快乐。

经营人际关系最好的方法就是，不要求别人为你做什么，只要想能为别人做什么。这才是建立关系网的真正艺术。

三、寻求工作与生活两个层面的平衡

你最近可否收到类似这样的回复："我在旅途中，有事请发邮件。"今天，很难想象世界上存在一个地方，人们只能通过邮件联系。一般人的回复大都是："我现在没有时间"或者"我现在正在和别人面谈"。科学技术发展到可以让每一个人随时随地联系到彼此，在这一情况下，远程办公和灵活地安排工作已经被证明是积极和有效的工作方法，由此产生的工作效率往往利大于弊。然而，人们仍然对这些机动灵活的工作安排抱有莫衷一是的态度，尤其随着科学技术的发展和移动终端技术的发展。目前甚至未来的技术发展带来的"随时随地互联无限"在一定程度上强化了工作，带来了"无停工期"效应，如何处理生活和工作的交叉问题变得异常迫切。

1.两个层面的平衡

瑞士洛桑国际管理发展学院教授卡斯特·杰森(Karsten Jonsen) 从个人和企业两个层面研究了科学技术对于工作和生活平衡产生的影响，在个人层面，研究时必须参考个人的喜好偏向和行为偏向：你是一个"分离者"还是一个"整合者"，或者介于两者之间。对于一个"分离者"来说，说出何时是工作时间的结束和家庭生活的开始是一件非常简单的事情，因为"分离者"对职业生涯和家庭生活的界限非常清晰，他们从不在"家庭生活时间"内接收与工作相关的各类邮件，也不会和家人讨论工作上的问题。

而对于"整合者"来说，界定哪里是工作时间的结束和家庭生活的开始非常困难，只有那种传统的工业社会培养的"钟表时间"能把"整合者"带出工作，而有趣的事情是，这种"钟表时间"在过去是被用做控制工人工作时间的工具，而在互联社会如此发达的时代竟被用做了保护"智力工作者"的一种工具，避免他们投入太多的时间在工作上，然而，如果处处都是工作场所，放置这样一个"提醒工具"又有多大用处呢？

关于组织层面，今天许多公司已经制定了一系列家庭——工作平衡措施，如灵活的工作时间，有些公司甚至制定了"只在工作环境中做决定"的机制，对于雇员工作的评测不再以工作岗位上待了多久来衡量，这样，雇员拥有了更多的主动权，有助于他们在工作和生活中找到平衡。

此外，"分离者"和"整合者"需要的公司环境也是不同的。如果你是一个"分离者"，而你的老板是一个"整合者"，那么由于工作风格和期望不同会带来很多矛盾，如在周六你和你的家人正在为儿子举办生日宴会，这时，你的老板给你打了一个电话，如果你忽视或者拒接，周一你一定会遭遇到他"愤恨的眼神"。

另外，如果你是一个"整合者"，而你的公司却没有给你提供这样的便利——机动灵活的工作安排、赋予你在家远程办公的权利以及能够保持

7天24小时随时联系畅通的工具，那么你会无比受挫且非常不开心。想象一下，你整晚都在工作，而必须还要在第二天早晨打卡上班，那会让你非常受挫。

2. 关于如何平衡工作与生活的一些建议

（1）制定使命并严格自律。这是获取平衡最关键的一个因素。不要让日常的琐事把自己淹没，工作之余，坐下来好好思考一下工作、丈夫/妻子、家长等角色在心中的主次，以及自己想要在一生当中达成的目标。比如在你的心目中，信仰是第一位的，其次是家庭，最后是工作，那么在时间的安排上就要权衡这三者关系。

在制定目标时要把握三点：首先，目标的制定要放眼长远，并尽可能详尽，以方便定期衡量进展情况，如你的目标是成为一个职业经理人。其次，制定目标时要让自己的配偶或至交了解，以获取他们的支持。当家人不能理解自己的做法时，要设法将想法达成一致。最后，目标罗列后要对自己的行为做定期评估，以督促自己坚持按照目标的方向前进。

（2）张弛有度地工作。在保证信仰和家庭的时间前提下，可以抽出所有的零散时间全力以赴工作。当生活与工作产生冲突，又承受着公司带来的巨大压力时，怎么办？首先考虑家庭，用自己平时的优异表现来承担工作上可能存在的风险。坚持不懈地努力工作，认真做一名好员工，会有助于你声誉鹊起，因此当冲突出现时，即使公司对你作出的权衡和决定不满意，但仍然会根据你平时的一贯表现来考虑。

（3）按时照顾家庭。在现实生活中，有太多的人忽视了对家庭的重视，以为自己在工作中所付出的一切都是为了家庭，因此理所当然应当得到妻儿的支持。这种想法是错误的。可能你会认为度假是浪费时间，但是家人却认为"也许你并不需要休假，但你的家庭需要你一同度假"。

为了保证自己对家庭的关注，可以将分给家庭的时间制度化，比如每周带一个子女进行一次"一对一早餐"，使你与每个子女都有单独相处的机会；每个月至少一次与妻子/丈夫单独约会；每年有一个周末与妻子/丈夫单独外出度假；尽量安排时间进行全家度假等。

（4）参与社会活动要分清主次，在适当情况下行使授权。无论是主动参与还是被动安排的社会活动，要在确认活动重要性的基础上，有选择地参加。拒绝你不喜欢的活动，任何时候都不要内疚。当社会活动与工作和家庭安排有冲突的时候，如果你没有权力做出某些决定，可以和上级商谈一下。或者找到合适的帮手，可以通过授权和培训等一些措施请他们帮忙完成对社会应尽的义务。

附 小测试——你的职商有多高？

（各选项得分情况：a. 8分；b. 5分；c. 3分；d. 1分）

第一部分　职商与职场

1.每天临出门前，你面对镜子：

a.前后左右仔细打量一番，看看是否得体无误

b.露出一个大大的笑脸，鼓励一下自己

c.匆匆路过镜子，稍微看一下自己的脸是否还睡眼惺忪

d.根本没有心情照镜子，经常找不到镜子在哪里

2.你每天用在整理自己仪容的次数大约是：

a.大约每两小时一次，时刻保持自己的职业形象

b.午餐的时候找个时间做个调整

c.除非有重要的场合要出席或意外情况，否则哪来的空闲搞这些

d.根本就不会顾及这方面的事情

3.你现在愿意改变工作方式在家办公吗？

a.不会，不希望自己脱离主流职场被边缘化

b.似乎有些吸引力，但我还是不会选择，我需要和社会保持密切接触

c.无所谓吧，我随便，看工作性质而定

d.热烈倡导，在家办公自由无拘束，正是我的梦想

第二部分　职业素养

4.工作时，你经常打电话或者上网找人chat吗？

a.这怎么可能？我工作都忙不过来呢

b.偶尔吧，空闲的时候可能会打个电话，多半有私事

c.有空就打电话或上网

d.几乎天天有一半甚至更多的时间泡在网上聊天

5.你的办公桌上摆着:

a.钟

b.植物

c.照片或玩具

d.除了文件什么都没有

6.工作时你会陷入空想,将工作搁置下来吗?

a.从来没有,我是个实干家

b.偶尔,当我太累的时候,可能会不自觉的发发呆

c.有时候会突然陷入一种心境怀念感,就还是发呆了,但还不算太频繁

d.经常陷入空想,几乎不能自我控制

7.走在路上,你听到有钥匙掉落在地上的声音,你的直觉告诉你那是:

a.错觉,我这么严谨怎么会遗落东西呢

b.只有一把钥匙

c.两三把钥匙

d.一大串钥匙

8.和上司一起参加一个社交会,你会:

a.无拘无束,很豪放,尽量表现自己的"八面玲珑"

b.开始时可能略有矜持,但礼仪得当,能营造出和谐融洽的气氛

c.害羞,有些不知所措,但仍然能够主动打招呼说话,融入气氛

d.十分谨慎,感到很不合群,几乎不太说话

第三部分 职商与大脑

9.年终发红利的时候,你:

a.很开心,又可以请客户大玩一通了

b.对红包的厚度十分自信这下要好好慰劳一下自己了

c.紧张得像看成绩单,打开之前心里忐忑不安

d.完全提不起兴趣

10.当你和上司的意见不一致时,你会:

a.据理力争,坚定表现自己的立场,并且不觉得提高自己的音量

b.以柔克刚，尽量提出双方都能接受的解决方法

c.连续争辩，如果不行就保持沉默，一切让老板决定

d.老板那么凶，我根本不敢和他提出会引起争议的问题

11.如果你的大老板越过你的顶头上司直接向你布置任务，你会如何应对？

a.尽善尽美地完成，牢牢抓住这个表现的机会

b.谦逊地向顶头上司请教，并将功劳的一半分给顶头上司

c.直接推给顶头上司

d.大肆宣扬，借以炫耀自己受到了大老板的器重

12.你遇到同事在你面前议论其他同事长短，你会：

a.表现出厌恶，可能会粗暴地打断他令他下不了台

b.继续手中的工作，并婉转地提醒他现在是工作时间

c.虽然不发表意见，但也感到好奇，暂停工作听她说

d.很有兴趣，并和他一起展开议论

13.遇到有异性同事开过火的玩笑，你会：

a.这样的事情司空见惯，跟着一起开玩笑，谁怕谁啊

b.用委婉的方式表达自己的不悦，让对方停止但也不伤和气

c.忍气吞声，勉强自己也跟着笑两下

d.立刻翻脸，不留一点情面

第四部分　职商与求职

14.最近你最常和谁一起吃晚餐？

a.上司

b.客户

c.同事

d.爱人

15.如果你在事业上非常成功，但你常常觉得工作压力很大。你将如何调整心态呢？

a.运动，打球或去健身房等，彻底放松一下

b.学做个小菜，比如辣子鸡丁，给爱人一个惊喜

c.卸下工作时的模样，换张脸，出去和朋友疯狂

d.整理房间，上上网，顺便为自己的发展找条后路

16.对培训、集体旅游、奖金等公司福利，你是如何看待呢？

a.我更愿意公司送我到国外进行培训，我很想进一步"充电"

b.旅游和健身我都很喜欢，陶冶情操锻炼身体而且可以学到很多东西

c.不管是什么福利，公司提供的就要充分享受

d.要什么福利，还不如兑换成现金呢

17.对于各种情侣测试，你通常：

a.不屑一顾，觉得都是骗人的把戏

b.有时候测着玩玩，怀着美好的期望，但也不被结果左右

c.虽然嘴上说不相信，但情绪很受结果的影响

d.只要是这类测试都做，信则有，不信则无

18.你有没有多次做同一个梦的情况？

a.从来没有，我很少做梦

b.好像有过，但是记不清楚

c.明确记得有过，感觉很诡异

d.经常做同一个梦，感到很疑惑，有时也会害怕

19.冬天又到了，你对冬天经常有的感觉是什么？

a.年终又是一个繁忙的时间，工作一定要安排妥当才行

b.白雪飘飘，美不胜收，只是下雪了容易塞车迟到

c.就一个字——"冷"

d.我讨厌冬天，心情和天气一样阴霾

得分与职商综合评价：

121～152分 你对职业过分满足！也就是说，你是个"工作狂，你是典型的职业强人"。建议你不妨轻松一下，人生需要多彩的生活，滋润才会越活越精彩。

93～120分 你的职业商数很高，完全能够胜任目前的工作。你是个聪明而能干的人，并且懂得爱惜自己。你在职业中能否实现个人价值，就要看你的运气。

70~92分 你是个重生活的人。如果你没有想当元帅的念头，那么明年依然能够顺利发展，但不会有很大的起色。作为职场能人，你可能被大多数人羡慕，稳定而不太操劳。建议你不要轻易跳槽，当然如果有绝好的机会也不要放弃。如果你再勤奋一些也许你在职场上能够变得非常出色。

43~69分 看来你不太适合这个工作，或者你真的不太了解职场的规则。下一年度你可以多注意一些职场的新动态，有合适岗位不妨给自己一个重新开始的机会。当然，你也可以利用辞旧迎新的时机，重新定位自己的职业形象。从职业的角度来说，你的工作风格似乎有点琐碎。让自己的心胸再广阔一些吧，这样你的机会将更多更好。

19~42分 不及格，你的职业简直病入膏肓！你极度不满意自己的职业，每一天简直像在为仇家工作。毫无疑问，没有必要再干下去，否则很可能染上心理疾病。立即鼓足勇气去寻找令你满意的工作吧。新时代的职业人，应该有一份适合自己的事业！

第八章
求职礼仪：
良好事业的开端

ETIQUETTE

为把明天的工作做好，最好的准备是把今天的工作做好。

——哈伯德·E.（英国作家）

每个人的工作，不管是文学、音乐、美术、建筑还是其他工作，都是自己的一幅画像。

——勃特勒·S.（美国教育家）

为什么工作竟然是人们获得满足的如此重要的源泉呢？最主要的答案就在于，工作和通过工作所取得的成就，能激起一种自豪感。

——塞尔斯·L.R.（英国作家）

　　面对激烈的求职竞争现实，怎样找到一份称心如意的工作！毫无疑问的是，用人单位除了看你是否具备相当专业知识和潜力外，还要看你言行举止如何，从中也能看出你的修养如何。所以在我们每位求职者中，了解并会运用求职礼仪是尤为重要的。而求职礼仪很大程度上是指对求职者的面试礼仪，其中包括面试着装礼仪、行为举止礼仪、言语礼仪、沟通礼仪等。所以当我们求职时，除了准备好一份优秀的简历外，求职中的面试礼仪是必须了解的内容。

第一节　面试前的准备

　　"凡事预则立，不预则废。"机会永远光顾那些有准备的人。对于求职者也不例外。做好求职前的准备工作，也是求职成功的先决条件。

一、树立信心，乐观积极

　　求职路并不是一条坦途，途中的磕磕碰碰在所难免，刚毕业的同学不要因为一次择业不够理想就丧失信心，要有豁达乐观的择业态度，坚信"天生我才必有用"的心态，才能最终获得成功。另外，在求职过程中，要客观地根据自身情况选择适合自己的职业，如果好高骛远，将很难找到适合自己的工作。

　　在每次的求职经历中，要看成是一笔财富，不断思考和完善自己，积极面对新的挑战。

有这样一则小故事《一只蜘蛛和三个人》：

【案例】 雨后，一只蜘蛛艰难地向墙上已经支离破碎的网爬去，由于墙壁潮湿，它爬到一定的高度，就会掉下来，它一次次地向上爬，一次次地又掉下来……第一个人看到了，叹了一口气，自言自语："我的一生不正如这只蜘蛛吗？忙忙碌碌而无所得。"于是，他日渐消沉。第二个人看到了，说：这只蜘蛛真愚蠢，为什么不从旁边干燥的地方绕一下爬上去？我以后可不能像它那样愚蠢。于是，他变得聪明起来。第三个人看到了，他立刻被蜘蛛屡败屡战的精神感动了。于是，他变得坚强起来。

秘诀：有成功心态者处处都能发觉成功的力量。

求职过程中，求职者保持积极的心态至关重要。当我们具有积极的心态，并把自己看作成功者时，我们就开始走向成功了。重视和尊重你遇到的每一个人，这样他们也会对你抱积极的态度。除此之外，对人生、大自然一切美好的东西，我们要心存感激。有积极心态的人会时刻寻找新观念、尝试新事物，这些都增加成功的潜力。记住，永远不要消极地认定什么事情不可能，首先你要认为你能，接着尝试、再尝试，最后你就会发现你确实能行。

二、知己知彼，确定目标

俗话说"知己知彼，百战不殆"，求职前需要对自己作全面、客观的认识。问问自己能做什么，想做什么，有目标吗？

知己就是要根据自己的学习和工作经历，客观认识和评价自己的优点及缺点，要明确自己想做什么，能做什么，最适合哪方面的工作等。根据自身的客观条件，来选择适合自己的求职方向。知彼就是了解目前社会的就业环境和准备求职的工作单位的各种情况，正确认识就业单位需要什么样的人才。

只有了解用人单位的各种情况，同时认识自身的客观条件，再确定求职方向，这是求职成功的前提和保证。

另外，你可以抽点时间，做以下事情：

（1）可以先为自己设立一个目标和方向，循序渐进。当然，目标不能好高骛远，要根据自身所学的专业、个人兴趣等方面综合考虑设定。

（2）回顾一下目标计划完成的情况，可以适当改变和调整计划。

（3）想想是否有更好的方法来实现目标，对现有的事情能否做得更好。

（4）从已经做的事情中得到有价值的经验教训。

（5）对要实现的目标进行视觉化想象，进行细节想象推演，并在现实中加以实践。

三、 做好知识储备

求职择业，是广大求职者实现人生转折的一个重要环节。实践证明，谁在求职前准备工作做得越充分，谁就越能把握求职的主动权。求职前要做的准备工作很多，如对就业相关政策的了解、就业信息的收集、求职简历的制作、自我分析、自我定位、择业心理的调试、择业技巧的学习等。所有这些都会在求职过程中发挥着重要的作用。只有做出正确、全面的自我分析，才能正确的自我定位，才能在求职过程中避免盲目性。

1. 不同类型的职业对求职者知识结构的共性要求

（1）宽厚扎实的基础知识。基础知识是知识大树的躯干，是知识结构的根基。大学毕业生无论选择何种职业，也不管向哪个专业方向上发展，都少不了宽厚扎实的基础知识。特别是随着科技和经济的高速发展，大学毕业生在择业、就业上已不可能再是从一而终，职业岗位随时变动的情况不可避免。要适应变化，必须靠扎实宽厚的基础知识。

（2）广博精深的专业知识。专业知识是知识结构的核心部分，也是科技人才知识结构的特色所在。所谓广博精深，是指大学生对自己所要从事专业的知识和技术具有一定深度、一定范围的深入研究，对概念体系、理论体系、研究方法、学科历史和现状、国内外最新信息等都要了解和把握。同时，对其专业邻近领域的知识也要有所了解和熟悉，善于将其专业领域与其他相关知识领域紧密联系起来。

（3）大容量的新知识储备。现代各类职业都要求从业者的知识"程度高、内容新、实用强"。用人单位普遍要求毕业生能够熟练地运用一门外语和使用计算机。此外，毕业生如能掌握一技之长，诸如书法、绘画、文体、驾驶、公关等也将增加其求职的成功率。

以上三点，其实在市场招聘信息中都能体现出来。比如许多单位在招聘时都会提出相同的要求：学生学习好、文笔好、外语好、计算机操作能力强，等等。这反映了招聘单位的选才标准，"学习好"就是要求有广博精深的专业知识；"文笔好、外语好"就是要求有扎实的基础知识；"计算机操作能力强"就是要求有一定的新知识储备。

2．不同类型的职业对求职者知识结构的特殊要求

（1）管理类职业的要求。该类型职业包括国民经济管理、企业管理、金融管理、财政管理、外贸管理、行政管理等社会工作。此类职业者在其知识结构上除具备上述共性要求外，还必须很好地掌握党的方针政策，掌握基本的法律，还应了解税务、工商、外贸的管理知识。

（2）工程类职业的要求。该类职业的范围包括各行业中从事工程技术应用工作的职位。它要求就业者在知识结构上应具备以下几个方面的能力：牢固地掌握所学的专业知识，具有较新的现代专业理论，熟练地掌握并能应用于实际工作中的应用技术知识及一定的管理知识。

（3）科研类职业的要求。该类职业主要指基础理论研究、信息情报研究、学科应用技术研究等职业。该类职业对求职者的知识结构要求是：具有丰富、坚实的专业基础知识，掌握严谨和科学的研究方法并能运用于实际研究中，掌握大量本专业当代研究的前沿信息，熟练掌握本专业的各种实验方法和调查方法并能运用于实际工作中。

（4）教育类职业的要求。该类职业包括大学教师、中学教师以及各类职业教育教师、干部培训教师等。要求择业者具备的知识结构是：熟悉本专业最新研究成果及其发展趋势，了解与本专业相近的新兴边缘学科或交叉学科的情况，具备较高的文化素养，达到真正的"博学"。

四、写好求职信

好的求职信会使招聘单位感受到求职者"鲜活"的形象，体会到求职者的诚意，进而增加求职者获得面试的机会。

1．基本技巧

（1）使用专用的纸张，纸张的上端写有你的姓名、地址和电话号码。你的简历要使用配套纸张——它能显示你的档次和职业风范。

（2）定做附信。附信专门致某个特定的个人，确定你有这个人的姓名、他或她的职称以及公司名称的正确拼写。

（3）如果你不愿意定做每一封信，而宁愿使用格式信件，使用敬称"尊敬的招聘主管"。（不要使用"尊敬的先生"，招聘主管或许是位女士）

（4）附信要比简历更加正式，它必须能够在双方之间建立融洽的氛围。你要热情洋溢、精力充沛和令人振奋。

（5）附信必须向未来的雇主介绍你和你的价值。

（6）确保在附信上签署日期。

（7）有效的附信应当易于阅读，字体要比简历中的字体更大，而且要简短——四五个简短的段落就足够了。

（8）尽量把附信的长度控制在一页之内。如果你不得已要用两页，确保你的姓名出现在第二页上。

（9）附信的第一段应该能够引起招聘人员对你作为候选人的兴趣，并激发阅读者的热情。阅读者为什么要读这封信？你能够为他/她做什么？

（10）附信的第二段必须推销你的价值。你的技能、能力、资质和资信是什么？

（11）附信的第三段明示你突出的成就、成果和教育背景，它们必须能够直接有力地支持第二段的内容。如果可能的话，要量化这些成就。

（12）附信的第四段必须表达将来的行动。请求安排面试，或者告诉阅读者你将在一周内打电话给他们，商谈下一步进程。

（13）附信的第五段应该是非常简短的一段，结束这封信并表示感谢。

（14）在附信中展示你独特的解决问题的技能，并且用特定事例加以支持。

（15）如果没有被要求，不宜在附信中谈论薪金。

2．求职信存在的礼仪问题

（1）过分自信。很多刚从学校毕业的学生，都会犯同一个毛病，以为只要考试成绩好，便会是一个称职的职员。其实，不少招聘单位曾再三指出，好职员必须既有良好的学习成绩，也有多方面的经验和才干。所以，如果因自己在考试中得到数科优良成绩便沾沾自喜，忽略经验和性格条件，只会使招聘单位觉得他自高自大、思想不成熟。

（2）不够自信。谦虚虽然是美德，可是现代社会里过于谦虚却越来越不合时宜了。应聘者应该在信里强调自己的长处，如果你不能避免要在信中提到你的缺点，则尽量轻轻带过。有些应聘者为了取悦招聘者，便再三强调自己的学业成绩，保证自己会成为优秀的职员；还有些应聘者则在信中三番五次地提到自己对这个行业的兴趣等。以上的求职者都犯了一个大的错误，就是以为只要有好成绩或有浓厚兴趣，或者有满腔热忱便可以成为一个理想的职员，而不知其他方面的能力和经验也是很重要的。

（3）语气不庄重。招聘单位大都喜欢对待事物比较客观的申请人，所以要尽量避免在求职信上用"我觉得、我看、我想"等字眼来说明自己的观点，也忌用"我非常希望、我真的喜欢"之类的强调语气。

（4）消极的工作态度。有些大学生在信中写这类陈腔滥调："若贵公司要求受聘行政人员有能力作决定，并且忠心执行职务，则我自当……"这样会使人觉得你非常被动，做事无主见。现代社会讲求创意与胆识，这样写求职信不会给人留下好印象。

ETIQUETTE

第二节　面试礼仪

面试是求职成功的临门一脚。求职者能否实现求职目标，关键的一步是在面试官心目中留下的第一印象。面试是其他求职形式永远无法代替的，因为在人与人的信息交流形式中，面谈是最有效的。在面谈中，面试官对求职者的了解，有声语言交流只占了30%，无声语言，如求职者的形象、气质、仪态举止等占70%，所以求职者在面试时不仅要注意自己的谈吐和举止，而且着装要得体。最重要的是守时！

一、严谨的时间观念

求职者在面试之前，首先要有严格的时间观念，这也是职业道德

面试迟到5分钟没啥吧！

的一个基本要求。一般而言，求职者应在面试前10～25分钟到达面试地点。可先熟悉一下面试环境，稳定一下情绪，准备一下面试工作。如求职者离面试的地点较远，宁可早到一会儿，也不要迟到。如果迟到，任何理由都是借口，解释也是苍白的，只能给你接下来的面试大打折扣。你的面试效果就可想而知了。

所以守时是面试成功的第一个门槛，对于求职者来讲，一定要做到守时，要有强烈的时间观念。

二、恰当的仪容仪表

仪容能给人造成直接而敏感的"第一印象"，美好的仪容总能令人敬慕和青睐。

1.发型

（1）男士发型。男士的头发留得太长会给人留下不够振作的印象，所以面试前应对发型加以修理。男士的发型最为常见的是分头，但是不要留中分。除了分头以外，还有的比较适合留平头，长度适宜的平头会显得人很精神，也不失庄重成熟，此外，求职者若是想让自己看起来更有气质，也不妨在面试前找一个好的发型师设计一款最适合自己的发型。需要注意的是，在没有十足把握的情况下，最好不要为了保持发型而往头发上抹过多的摩丝等定型产品，尤其是带有香味的定型产品，这会使你看上去显得"油头粉面"。有时候发型理得不错，但是等你到面试现场时，发型早已凌乱了，这时可以去洗手间照照镜子，梳一下头。

（2）女士发型。女士的发型相对来说可以多样化，只要按照自己平时的习惯打理即可。简单的马尾或者干练有型的短发都会显示出不同的气质。长发就需要扎起来，如果会盘发把长发盘起来，无论直发、卷发，都显得很高贵成熟。刘海需要重点注意，因为过长的刘海遮挡视线，风格也显得幼稚。染发和烫发已经为社会所认可，除非是十分夸张的颜色或是发式，否则不需要做太多的调整。头发最忌讳的一点是，有着太多的头饰和过分的装束。在面试这样的场合，大方自然才是真。

除了发型之外，还要注意保持头发的干净。夏天应该做到每天洗一次头，否则头发中会散发出异味。头发不能有头皮屑，不要"肩披白霜"去见面试官。有些"少白头"的求职者可以在面试前进行适当的染发，但要注意颜色应自然、不做作。

2.化妆

化妆是生活中的一门艺术，适度而得体的化妆，可以体现女性端庄、魅力、温柔、大方的独特气质，是女性在政务、商务和社交生活中，以化妆品及艺术描绘手法来装扮自己，以达到振奋精神和尊重他人的目的。对于妆容方面，重要的是干净，大方得体。在适合自己的前提下，淡妆能让自己显得更加有精神。

求职面试中，女士可适当化一些淡妆，看上去人一定要很清爽、自然、干净、利落，千万不要给人俗艳的感觉。化妆还应该与形体、肤色、服饰、发型、年龄、性格、身份相协调，而且要与面试的目的和要求有机结合起来，应以淡妆为宜，以自然真实为度，以协调、高雅、精神、舒适为美，以清洁健康为旨，塑造出一副淡雅清秀、健康自然、鲜明和谐、富有个性的容貌，使面试者焕发出青春的光彩，增强自信心，在面试的过程中增加魅力。同时化妆也是参加面试的重要礼仪要求。

3.手臂

手臂是肢体中使用最多、动作最多的部分，要完成各种各样的手语、手势。因此，难免得到考官目光的眷顾。如果手臂的"形象"不佳，整体形象将大打折扣。因此，手要保持干净，手指甲的长度以不超过手指指尖为宜。

4.腿部

面试属于正式的场合，女士穿裙装不能光腿，要穿丝袜；袜子称为腿部时装，不能出现残破；不要鞋袜不配套；袜子要高过裙子的长度。男士穿西装时穿的黑色棉质袜子，长及小腿中部，袜口有松紧带，不可以露出腿部肌肉。

5.饰物

女士尽量不佩戴耳环、项链、手镯等各类饰品，尤其是金光闪闪的饰物；男士不佩戴饰品。一身珠光宝气可能会给面试官留下热衷打扮、虚荣心强的负面印象。

三、得体的着装

俗话说"人靠衣妆"，第一印象往往是由一个人的衣着仪表和外在气质形成的。第一印象往往让人难以忘记，从而影响交往对象的评价和判断。在求职面试中，个人的仪表形象就像一张名片，上面贴着与你个性相匹配的标签。是仪表堂堂、神采奕奕，还是邋里邋遢、没精打采，从衣着上就能有个明显的判断。掌握基本的求职面试着装技巧，能让我们在竞争

1.女士面试着装技巧

面试时女士通常着套装，搭配合适的配饰，携带公文包，这样，给人稳重干练的印象。

（1）套装。对于女士来说，也同样需要注意套装的颜色，如黑色、深蓝、灰色等，能显得人更加稳重，是最好的选择。款式则尽量选择传统样式。如果是裙装，则需要注意裙子的长度，不要在膝盖以上，太短的裙子，会让人显得轻浮、不专业，会使面试官的印象大打折扣。V领的上衣要注意开口不能太低，如果很低，可以通过丝巾或者内衬上衣来弥补。

（2）衬衣。衬衣的款式和颜色依然应该以保守为主。尽可能避免那些透明材质、蕾丝花边或者雪纺薄纱。在衬衣里面再穿一件小背心，防走光的同时，也显得更加庄重。

（3）鞋子和丝袜。鞋子则需要配合上装，选择简单的样式。丝袜的颜色也最好是传统常见的，比如黑色、肉色、深灰等，但必须与套装和鞋子有良好的搭配。花哨的颜色和款式，会使你显得轻浮。

（4）公文包。选用一个大小合适，并且和整体穿着相配的公文包，会让你看起来专业、干练。如果可能的话，最好是皮制的。

（5）配饰。面试是属于正式的场合，不应戴手链，戒指也不宜戴过多，且不能佩戴形状奇特的戒指，那样在不方便握手的同时，也会给人留下不好的印象。耳环也需要以小型、样式简单作为选择的方向。

具备基本的女性面试着装常识，能在面试的过程中，更加自信地展示自己，根据自身特点来选择自己的面试服装，将会事半功倍。

2.男士面试着装技巧

对于男性，在着装上，可能会有更高的要求。彬彬有礼的形象既与平时的个人修养有关，也依赖于面试前的准备工作。

在衣服的选择上，其实很简单，一套适合自己风格的正装，就能让你游刃于整个考试过程。不必过于夸张，礼仪上的目的是不丢分，而不是打造亮点，着装重要的是符合个人气质。面试当中获得认可的形象一定不是电影明星式的耀眼，亦非爱因斯坦一样的不修边幅。个性可以展现，但不能超越大众认可的幅度，稍稍保守一点的着装是最稳健的战略，不求有功，但求无过。

男士的常规装束就是西装+领带+皮鞋的搭配。西装的颜色应以深色系为主，搭配黑色的皮鞋以及合适的领带。衬衫的选择则尽量以白色和蓝色系为主，相对保守的选择，往往是减少意外情况发生的保障。

身上的所有配饰，包括过于夸张的皮带头，很显眼的手表等最好都不要出现，把所有的衣兜都当成装饰性的，不要放任何东西。

以上是求职礼仪着装方面基本的技巧，当然根据不同的职业，应恰到好处地选择更适合职业特色的着装，以提升自身魅力。

四、优雅的仪态

研究表明，一个人给他人留下的印象，7%取决于用词，38%取决于音质，55%取决于非语言交流，非语言交流的重要性可想而知。在面试中，恰当使用非语言交流的技巧，将为你带来事半功倍的效果。

除了讲话以外，无声语言是重要的公关手段，主要有：手势语、目光语、身势语、面部语、服饰语等，通过仪表、姿态、神情、动作来传递信息，它们在交谈中往往起着有声语言无法比拟的效果，是职业形象的更高境界。形体语言对面试成败非常关键，有时一个眼神或者手势都会影响到整体评分。比如面部表情的适当微笑，能显现出一个人的乐观、豁达、自信；服饰的大方得体、不俗不妖，能反映出大学生风华正茂，有知识、有修养、青春活泼，独有魅力，它可以在考官眼中形成一道靓丽的风景，增强求职竞争能力。

1. 坚定的握手蕴含诚意

面试时，握手是很重要的一种身体语言。握手常作为衡量一个人是否专业、自信、有见识的重要依据。坚定自信的握手能给面试官带来好感，让他认同你懂行规、懂礼仪。怎样握手才能到位？握多长时间才算恰如其分？这些都非常关键。因为手与手的礼貌接触是建立第一印象的重要开始，所以，一定要使握手有感染力。

（1）男女平等。按照国际商务礼仪规范，男女应该同时伸手。如果对方不主动伸手，你可以主动出击，对方出于礼尚往来的考虑，也会伸出手回应你，但要注意出手的时机，要把握好这个"寸劲"。有些同学对此没把握、没感觉，可以在招聘会时多和外企经理交谈握手，路演一把。要注意别过早伸手或者在不恰当的时候伸手。比如招聘官埋头填写上一个人的评语时你就伸出手，或者双方相隔八丈远，这种情形下均是不合适的。

（2）大方伸手。握手时一定要大方自然，切忌伸出又收回去，收回去又伸手，这样的动作在面试中是不可取的。当然，在面试的过程中应当以面试官的意愿为主，如果面试官没有意愿，则无须握手。

（3）力度七分。在握手的力度上。握手是为了表现出你的热情和友好，所以应该略微用力，以不令对方产生不适感为限度。通常握手不需要用太大的力气，握一下即可。男士与女士握手不应该握得太紧，西方人往往只握一下女士的手指部分。通常情况握手的时间在3到5秒内，太长则稍显失礼。太短则会让人认为你过于冷漠高傲，影响面试效果。

（4）面带微笑。握手时，面部表情也要配合，面带微笑伸出手相握，自然与面试官握手，如面部表情过于僵硬，会让对方感到你是个不随和的人，或让对方觉得你过于紧张等。握手时要集中精力，双眼凝视对方，握手时切勿视线游离，更不能东张西望，这都是不尊敬对方的体现。

（5）三秒结束。握手的时间不要太长，也不要过短，一般控制在3至5秒钟之内。男士与女士握手的时间要稍短一些，用力要轻一些，千万不要把女士的手捏疼。另外，握手应注意的几点：握手就是握手，不是关节拉关节；湿漉漉的手会让考官拒你于三尺之外；只要真诚地握手，每一双手都会完美地表现自己。握完手后请马上返回原来位置，不要等到考官请你退回，你再照此去做。这时面试考官会请你坐下，说声"谢谢"坐下就可以了。若面试官没有邀请，切勿自行坐下，你可以礼貌地征求面试考官的同意后再坐下。

小贴士8-1：如何握手，听听英格丽的建议

★ 先自我介绍，再伸出你的手。通常是高职位的人或者女士、长者

先伸手，表示愿意与对方握手。如果他们没伸手，你应该等待。若是对方非常积极、主动地先伸出手来，你一定要去回握，否则不但让对方感到窘迫，也显得你不懂礼仪。

★ 握手时，要与对方目光接触，面带笑容，目光接触显示你对别人的重视和兴趣，也表现了自信和坦然，同时还可以观察对方的表情。

★ 当你伸出手时，手掌和拇指应该呈一个角度，一旦你的手与别人的手握在一起，你的四指与拇指应该全部与对方的手握在一起。"死鱼"式的握手特征之一就是不用拇指。

★ 握手要有一定的力度，它表示了你坚定、有力的性格和热切的态度。没有力度的手就是"死鱼"式的手。但又不要握得太紧，好像要把对方的骨头都捏碎，显得你居心不良。

★ 握手时间约为五秒，若少于五秒显得仓促，如果握得太久显得过于热情，尤其是男人握着女人的手，握得太久，容易引起对方的防范之心。

★ 如果你的手容易出汗，千万要在握手前悄悄把汗擦干。

2.礼貌的坐姿暗示沉稳

进入面试室后，如果面试官让你坐下，方可坐下。入座时要轻而缓，不要发出任何嘈杂的声音。面试过程中，身体不要随意扭动，双手不应有多余的动作，双腿不可反复抖动，这些都是缺乏教养和傲慢的表现。一般以坐满椅子的2/3为宜。既可以让你腾出精力轻松应对考官的提问，也不至让你过于放松，乐不思蜀而忘了自己的来意。建议你多接触社会，观察沉稳人士的坐姿并回到家里、寝室里稍加练习，改善坐姿，别让椅子拖了后腿。

面试时，求职者轻易不要紧贴着椅背坐，也不要坐满，坐下后身体要略向前倾，表明你坐得很稳，自信满满。不宜坐得太少，只坐椅子的五分之一，意味着你几乎要靠自己的双腿支撑住自己的体重，这是一种极度紧张的表现。

3.专注眼神彰显智慧

面试一开始就要留心自己的身体语言，特别是自己的眼神，对面试官应全神贯注，目光始终聚焦在面试人员身上，在不言之中，展现出自信及对对方的尊重。眼睛是心灵的窗户，恰当的眼神能体现出智慧、自信以及对公司的向往和热情。注意眼神的交流，这不仅是相互尊重的表示，也可以更好地获取一些信息，与面试官的动作达成默契。正确的眼神表达应该是：礼貌地正视对方，注视的部位最好是考官的鼻眼三角区(社交区)；目光平和而有神，专注而不呆板；如果有几个面试官在场，说话时要适当用目光扫视一下其他人，以示尊重；回答问题前，可以把视线投在对方背面墙上，约两三秒钟做思考，不宜过长，开口回答问题时，应该把视线收回来。

4.微笑的表情体现亲和力

微笑是自信的第一步，也能为你消除紧张。面试时要面带微笑，亲切和蔼、谦虚虔诚、有问必答。面带微笑会增进与面试官的沟通，会百分之百地提高你的外部形象，改善你与面试官的关系。赏心悦目的面部表情，应聘的成功率远高于那些目不斜视、笑不露齿的人。不要板着面孔，苦着一张脸，否则不能给人以最佳的印象，争取到工作机会。听对方说话时，要时有点头，表示自己听明白了或正在注意听。同时也要不时面带微笑，当然也不宜笑得太僵硬，一切都要顺其自然。表情呆板、大大咧咧、扭扭捏捏、矫揉造作，都是一种美的缺陷，破坏了自然的美。

5.适度的手势增加表现力

说话时做些手势，加大对某个问题的形容和力度，是很自然的，可手势太多也会分散人的注意力，需要时可适度配合表达。中国人的手势往往特别多，而且几乎都一个模式。尤其是在讲英文时，习惯两个手不停地上下晃，或者单手比划。平时要留意外国人的手势，了解中外手势的不同。另外，注意不要用手比划一二三，这样往往会滔滔不绝，令人生厌。而且中西方手势中，一二三的表达方式也迥然不同，用错了反而造成误解。交谈很投机时，可适当地配合一些手势讲解，但不要频繁耸肩，手舞足蹈。有些求职者由于紧张，双手不知道该放哪儿，而有些人过于兴奋，在侃侃而谈时舞动双手，这些都不可取。不要有太多小动作，这是不成熟的表现，更切忌抓耳挠腮、用手捂嘴说话，这样显得紧张，不专心交谈。很多中国人都有这一习惯，为表示亲切而拍对方的肩膀，这对面试官很失礼。

★ 避免抓耳挠腮、摸眼、捂嘴等具有说谎嫌疑的动作。

★ 避免双臂交叉在胸前，它表示抵触、抗议、不屑一顾、防范。

★ 腿脚不要不停抖动，它在告诉别人你内心紧张、不安。

★ 不要做不必要的身体移动，这样会显得你紧张、焦虑。

ETIQUETTE

第八章　求职礼仪：良好事业的开端

第三节　面试中的交流技巧

面试的时间一般都不长，少则几分钟，多则几十分钟。所以面试并不是考察求职者的能力，而是通过面试中的互动反映求职者的心理素质、处事原则和沟通能力。面试前，对面试中的"自我介绍"和"提问"可事先做好准备，为顺利通过面试打好基础。

一、自我介绍的技巧

个人自我介绍是面试实战非常关键的一步，因为受众所周知的"前因效应"的影响，这2～3分钟见面前的自我介绍将在很大程度上决定你在各位考官心里的形象。这份介绍将是你所有工作成绩与为人处世的总结，也是接下来面试的基调，面试官将基于你的材料与介绍进行提问。

1.面试自我介绍的要领

一个人单独面试基本上都是从开场问候开始，开场问候很重要，它有可能决定整个面试的基调。开场问候是给面试考官的第一印象，从言谈举止到穿着打扮将直接影响到你被录取的机会。进门应该面带微笑，但不要谄媚。话不要多，称呼一声"老师好"就足够，声音要足够洪亮，底气要足，语速自然，总之彬彬有礼而大方得体，不要过分殷勤，也不要拘谨或过分谦让。

面试中一般都会要求考生先做简单的自我介绍，面试自我介绍的时间一般为2～3分钟。面试自我介绍是很好的表现机会，应把握以下几个要领：

（1）要突出个人的优点和特长，并要有相当的可信度。特别是具有实际管理经验的要突出自己在管理方面的优势，最好是通过自己做过什么项目来验证一下。

（2）要展示个性，使个人形象鲜明，可以适当引用别人的言论，如老师、朋友等的评论来支持自己的描述。

（3）不可夸张，坚持以事实说话，少用虚词、感叹词之类。

（4）要符合常规，介绍的内容和层次应合理、有序地展开。

（5）要符合逻辑，介绍时应层次分明、重点突出，使自己的优势很自然地逐步显露，不要一上来就急于罗列自己的优点。

【案例一】 有一个笔试分很低，并且只有4年工作经验的考生被录取，在将近25分钟的面试时间里，面试老师的提问都是围绕着个人介绍以及基于其介绍制作的一个PPT图进行的。现整理该底稿如下，仅供读者参考：

自我介绍的概要

各位老师好，我叫邓小群，1998年毕业于哈尔滨工业大学，同年分配到北京工作，现在就职于外企亿书堂公司市场部部门经理。

（下面我想从两个方面介绍一下我自己。）

【工作业绩】

1. 1998年7月分配到北京×××××公司重点实验室；

1999年4月作为首席代表，组建并运作上海办事处，一年就为公司实现了×××万销售业绩。

2. 2000年5月加入×××××公司，在市场部任商务经理，带领sales人员，推动中小企业的网站建设。

3. 2001年1月，加盟美资企业亿书堂科技发展有限公司，任职市场部部门经理，主要负责培养销售团队，带领我的客户经理人及销售人员推广我们的软件系统。

【其中最大的成绩】

在亿书堂公司，作为市场部部门经理，带领客户经理，面对包括北大方正等竞争对手，最终将我们的软件系统与惠普、康柏、恒基伟业四大随身电脑硬件平台捆绑成功！使我们的软件成为该行业的一种标准！

（实例：去年华纳与联想FM365合并后，由于我们公司的成功，他们希望收购我们公司，为此我们还专门给联想总裁柳传志做了一场融资报告，其中的产品竞争对手分析以及未来市场预测两部分就是我负责的！）

自我介绍是面试中非常关键的一步。很多面试官的第一个问题往往就是"能否请您做一下自我介绍"。在自我介绍时，面试官借机了解求职者的信息，考察他们的语言表达能力、应变能力和岗位的胜任能力；应聘者也可以趁此机会主动向面试官推荐自己，展示自己的才华和能力。

2．自我介绍的说话技巧

自我介绍的时间一般为3分钟。在如此短的时间内，求职者该如何"秀"出自己呢？该说些什么？怎么说？该注意什么？

介绍的内容要投其所好。自我介绍，犹如做商品广告，应该针对"客户"的需要，将自己最核心的一面展现出来，令面试官印象深刻，激起"购买欲"。因此，自我介绍的内容要"投其所好"。也就是说，自我介绍的内容要针对应聘职位的要求主要包括四个方面：

① 我是谁；

② 我做过什么；

③ 我做成过什么；

④ 我想做什么。

（1）我是谁。自我介绍的第一步是要让面试官知道你是谁。主要介绍自己的个人履历和专业特长，包括姓名、年龄、籍贯等个人基本信息，教育背景以及与应聘职位密切相关的特长等。

生动、形象、个性化地介绍自己的姓名，不仅能够引起面试官的注意，而且可以使面试的氛围变得轻松。个性化地介绍姓名有多种方式，可以从名字的音、义、形或者从名字的来历进行演绎。

例如：

从名字的音。我叫邵飞，谐音少非，希望生活能少一点是是非非。

从名字的义。我叫俞非鱼。古语有言：子非鱼安知鱼之乐。父母亲希望我过得像鱼儿一般逍遥自在。

从名字的形。我叫陈赟。我的父亲叫陈斌，斌的宝贝就是赟。

从名字的来历。我叫赵丹，赵本山的赵，宋丹丹的丹。父母希望我能够像他们一样幽默地对待生活。

（2）我做过什么。做过什么，代表着你的经验和经历。在这个部分，主要介绍与应聘职位密切相关的实践经历，包括校内活动经历、相关的兼职和实习经历、社会实践等。要说清楚确切的时间、地点、担任的职务、工作内容等，这样让面试官觉得真实、可信。特别需要注意的是，你的经历可能很多，但不要面面俱到，那些与应聘职位无关的内容，即使引以为荣也要忍痛舍弃。

（3）我做成过什么。做成过什么，代表着你的能力和水平。在这部分，主要介绍与应聘职位所需能力相关的个人业绩，包括校内活动成果和校外实践成果。介绍个人业绩，就是摆成绩，把自己在不同阶段做成的有代表性的事情介绍清楚。

在介绍个人业绩时，需要注意以下几点：

★ 业绩要与应聘职位需要的能力紧密相关。如果应聘文员，就不需要介绍销售业绩。

★ 介绍"你自己"的业绩，而不是团队业绩，因为用人单位要招聘的是"你"，而不是"你们"。

★ 业绩要有量化的数字，要有具体的证据。不要用笼统的"很好"、"很多"；也不要用"大概"、"约"、"基本"等概数，而要用确切的数字，例如"我一周内卖出了34箱方便面"。

★ 介绍的内容应当有所侧重，不要报流水账，要着重介绍那些能体现自己能力的重点。

★ 介绍业绩取得的具体过程时，要巧妙地埋伏笔。例如在介绍校外实践成果时，可以这样描述："在工作中遇到了很多的问题，不过我还是成功地解决并完成了业务目标。"引导面试官提问"遇到了哪些问题"，然后你就可以进一步阐述细节内容，体现出自己处理问题的能力。

（4）我想做什么。想做什么，代表着你的职业理想。在这个部分，你应该介绍自己对应聘职位、行业的看法和理想，包括你的职业生涯规划、对工作的兴趣与热情、未来的工作蓝图、对行业发展趋势的看法等。

在介绍时，你还要针对应聘职位合理编排每部分的内容。与应聘职位关系越密切的内容，介绍的次序越靠前，介绍得越详细。

小贴士8-3：自我介绍时的八个禁忌

★ 忌讳主动介绍个人爱好

部分求职者在做自我介绍时，往往会介绍个人爱好，如登山、打球、听音乐等，不仅浪费时间，还让面试官感觉你成熟度不够。个人爱好不等于个人特长。因此，面试时不要主动介绍个人爱好，除非面试官询问。

★ 忌讳使用过多的"我"字眼

自我介绍少不了说"我"，但过多地出现"我"字，会给人喜欢标榜自己的印象，甚至可能会让面试官觉得你是自我中心者。你应该学会使用"我们"、"我们公司"、"我们的品牌"、"各位同事"等拉近距离、自然亲切的词语，避免出现过多"我"的字眼。

★ 忌讳头重脚轻

有些求职者在介绍自己的经历时过于详细地介绍一部分内容，忽然发现时间不够了，只好把其他内容一带而过。面试官会认为你时间概念不强。

★ 忌讳介绍背景而不介绍自己

自我介绍时，应该主要介绍自己，而不是自己的家庭背景。强调家庭背景只会让面试官产生反感，认为你缺乏足够的能力来胜任这个职位。

★ 忌讳夸口

自我介绍时，要学会给自己留条后路，有些没办法确定的话题，先不要做出夸口，即使对自己的能力有充分信心，也要有所保留。把话说得太满，面试官会认为你自我认知能力不够，对你的信任也会大打折扣。

★ 忌讳说谎

自我介绍时，你要坚持以事实说话，一定不要说谎，不要把自己吹嘘得天花乱坠，无所不能。自吹自擂一般难逃面试官的眼睛，这样做会让面试官失去对你的信任。

★ 忌讳过于简单，没有内容

有的求职者只介绍"做了什么"，没介绍"做成了什么"和"想做什么"，然后等着面试官发问。过于简单的自我介绍，等于放弃了一次主动展示自己的机会；另外，面试官会认为你过于轻率，沟通表达能力不强。

★ 不要超时

自我介绍的时间过长，会让面试官觉得厌烦；过短的自我介绍又显得内容单薄，很难让面试官获取有效的信息，浪费了一次展示自己的机会。这些都是不明智的做法。

二、介绍时间的把握

求职者应该如何把握自我介绍的时间呢？如果面试官没有特别强调，那么自我介绍的时间3分钟最合适。你可以根据自我介绍的四部分内容来分配时间：第一分钟主要介绍自己的姓名、年龄、学历、专业特长、实践经历等；第二分钟主要介绍个人业绩，应届毕业生可着重介绍相关的在校活动和社会实践的成果；第三分钟可谈谈对应聘职位的理想和对本行业的看法。

有时面试官会规定自我介绍的时间，那么应该怎样应对呢？

面试官规定的自我介绍时间缩短，如"做一个1分钟的自我介绍"。遇到这种情况，你可以精选事先准备的3分钟自我介绍内容，突出"做成过什么"，展现与应聘职位相关的能力。

【案例二】

1分钟自我介绍

您好！我是来自××大学市场营销专业的×××。我是一个开朗、热情、执著、意志坚强的人，适合从事销售工作。

在读书期间，我利用暑假做过很多的实习和兼职，例如做××啤酒的推销员，一天的销售业绩最多达到50箱。我没有守株待兔，而是主动出击，找到了××酒店的负责人，并且签订了长期的供货合同。激情加上挑战自我的意识，我相信我能胜任这份工作。

我非常欣赏贵公司的企业文化——"诚信是我们合作的基础，双赢是我们共同的目标！"我愿与我们公司一起发展，创造辉煌的明天！

面试官规定的介绍时间延长，如"做一个5分钟的自我介绍"。遇到这种情况，你可以多举例，或者根据5W1H的结构，细谈"做成过什么"的具体过程，展现你的智慧和处理问题的能力。

三、面试介绍的语言法则

求职者自我介绍时的语言非常重要，直接关系到面试是否成功。

1.自然自信

语言是求职者在面试中与面试官沟通交流的主要工具。恰当得体的语言无疑会增强你的竞争力，帮助你获得成功；反之，不得体的语言会损害你的形象，甚至导致失败。求职者在自我介绍的过程中要做到语言"自然自信"，主要包括口头语言和肢体语言两个方面。

2.使用礼貌用语

礼貌用语表现了良好的个人修养。求职是一个争取让面试官感到满意的过程，一切行为和语言都要围绕这个中心来进行。开口就说"我叫某某某"，虽然也正常，但使用礼貌用语会更让人感觉舒服，增加面试官的印象分。你可以从"您好"开始，以"谢谢"结束。

3.千万不要背诵

作为求职者，自我介绍时切勿采用背诵的口吻。人力资源专家指出，自我介绍可以事前准备，也可以找些朋友做练习，但自我介绍时，一要避免书面语言的严整与拘束，二要避免采用背诵朗读的口吻。你应该使用灵活的口头语来介绍自己。

4.使用普通话

如果求职者能够使用流利的普通话，一般会优先考虑。特别是销售、客户服务、主持、礼仪、公关、技术支持以及公共服务业的各类职位，对普通话的要求更高。同时，自我介绍时还要避免做作的语气，装腔作势、中英文夹杂都会引起面试官的反感。

5.避免口头禅

在自我介绍时多次出现口头禅和时尚用语，不仅有碍于面试官对语意的连贯理解，而且容易令人生厌。你在与面试官交流时，要避免出现口头禅，也不要使用不恰当的时尚用语。

6.避免平铺直叙

如果你只是平铺直叙地介绍自己，那就很容易使面试官失去倾听的兴趣，并且认为你对于应聘职位没有热情。因此，在自我介绍时，你的语气应当抑扬顿挫，语调要有起伏。

7.使用恰当的肢体语言

肢体语言虽然是一种无声语言，但它同口头语言一样也具有明确的含义和表达功能。正确使用口头语言的同时，配合恰当的肢体语言，能够提高在面试官眼中的整体印象，成为面试成功的助力。相反，如果肢体语言运用不恰当，一些细节处理不到位，反而会暴露缺陷，阻碍取得成功。

你可以通过微笑、直视面试官的脸、目光接触、身体前倾、点头等动作，告诉面试官你对他的话题非常感兴趣。还可以用手势来强调话题内容的重点，而且会让面试官觉得你对自己所谈论的内容是非常有热情的。

四、提问的技巧

应聘是一个求职者和用人单位双向选择的过程。求职者在面试时如果只是一味被动、恭恭敬敬地接受用人单位的询问，而不敢向面试官提问，可能会使面试形同审讯，你问我答，气氛紧张，结局往往可想而知。其实，求职者在面试过程中，不失时机地委婉提问，有时反而能起到活跃场面气氛，把交流引向深入，加深对方对自己的了解，从而给面试官留下良好的印象。需要提醒的是，面试"提问"，必须掌握分寸和艺术，态度要委婉诚恳，措辞应得体大方。

1.忌问招聘人数

最明显的就是问"你们要几个人？"对用人单位来讲，招一个是招，招十个也是招。问题不在于招几个，而是你有没有这百分之一、十分之一或独一无二的实力和竞争力。"你们要不要女的？"这样询问的女性，首先给自己打了"折扣"，是一种缺乏自信的表现。

2.忌急问待遇

"你们的待遇怎么样？""你们管吃住吗？电话费、车费报不报销？"有些应聘者一见面就急着问这些，不但让对方反感，而且会让对方产生"工作还没干就先提条件，何况我还没说要你呢"这不好的想法。谈论报酬待遇是你的权利，这无可厚非，关键要看准时机。一般在双方已有初步聘用意向时，再委婉地提出。

3.忌不合逻辑

面试官问："请你告诉我你的一次失败的经历。"答曰："我想不起我曾经失败过。"如果这样说，在逻辑上讲不通。又如考官问："你有何优缺点？"答曰："我可以胜任一切工作。"这也不符合实际。

4.忌说有熟人

面试中急于套近乎，不顾场合地说"我认识你们单位的某某"、"我和某某是同学，关系很不错"，等等。这种话主考官听了会反感。如果你说的那个人是他的顶头上司，主考官会觉得你在以势压人；如果主考官与你所说的那个人关系不怎么好，甚至有矛盾，那么你这样引出的结果很可能就是自我遭殃。

5.忌超出范围

例如面试快要结束时，主考官问求职者："请问你有什么问题要问我吗？"这位求职者欠了欠身子问道："请问你们公司的规模有多大？你们未来5年的发展规划如何？"诸如此类的问题。这是求职者没有把自己的位置摆正，提出的问题已经超出了求职者应当提问的范围，使主考官产生了厌烦。主考官甚至会想：哪有这么多的问题？你是来求职还是来调查情况的？

6.忌不当反问

例如，主考官问："关于工资，你的期望值是多少？"应聘者反问："你们打算出多少？"这样的反问就很不礼貌，好像是在谈判，很容易引起主考官的不快和敌视。

求职礼仪是个人素质的一种外在表现形式，是面试制胜的法宝。面试礼仪这个环节又由许多小环节构成，如果礼仪知识知之甚少，或忽视礼仪的作用，在一个小环节上出现纰漏，必然会被淘汰出局，肯定失败无疑。所以求职者必须要掌握必要的基本礼仪，学会推销自己，为成功求职铺平道路。只有这样，才能发挥自己的竞争优势，在求职中取胜。也有利于工作后处理好各种人际关系，为今后的工作顺利开展奠定基础。

ETIQUETTE

参考文献

[1] 金正昆.职场礼仪[M].北京：中国人民大学出版社，2008

[2] 未来之舟. 职场礼仪[M].北京：中国经济出版社，2008

[3] 鲁琳雯.现代礼仪实用教材[M].银川：宁夏人民出版社，2007

[4] 林雨荻.跟我学礼仪[M].北京：北京大学出版社，2006

[5] 许祥林.国际礼仪礼宾和旅行[M].北京：世界知识出版社，2010

[6] 范进.职业礼仪培训手册[M].广州：广东经济出版社，2006

[7] 金正昆.商务礼仪教程（第二版）[M].北京：中国人民大学出版社，2006

[8] 王爱英，徐向群.现代商务礼仪规范与实务[M].北京：北京大学出版社，2009

[9] 张卫东，武冬莲.现代商务礼仪[M].北京：电子工业出版社，2010.

[10] 张宏亮，陈琳.商务礼仪与实训[M].北京：北京大学出版社，2009.

[11] 周思敏.你的礼仪价值百万③商务社交篇[M].北京：中国纺织出版社，2010

[12] 徐克茹.商务礼仪标准培训（第二版）[M].北京:中国纺织出版社，2010

[13] 田超颖.商务社交礼仪全书[M].北京：地震出版社，2007.

[14] 牛心雨.商务礼仪全书[M].长春:吉林大学出版社，2010.

[15] 杨毅.职场救赎：写给迷茫中的草根族[M].北京：机械工业出版社，2011

[16] 高峰.软性竞争力：个人获取成功的核心动力与真正实力[M].北京：新世界出版社，2010

[17] 钱诗金.职场你会生存吗？[M].北京：中国经济出版社，2011.

[18] 肖辉馨，艾炬.初入职场：新人立足101条[M].济南：山东大学出版社，2006

[19] 曾晓冬.赢在起点：职场新人要懂的52件事[M].北京:机械工业出版社，2010.

[20]潘竞贤."职"手可得[M].杭州：浙江人民出版社，2011

[21]周思敏.商务礼仪——有礼走天下[M].北京：中国科学文化音像出版社，2008

[22]赵鸿渐.职场礼仪价值百万[M].北京：中国工人出版社，2009

[23]扬眉.现代商务礼仪[M].大连：东北财经大学出版社，2000

[24]金正昆著.社交礼仪教程[M].北京：人民大学出版社，2005

[25]杜卫.现代职场礼仪[M].北京：中国环境科学出版社，2009

[26]郝铭鉴，孙为.中国应用礼仪大全[M].上海：上海文化出版社，1991

[27]邢颖，曾宪植等.社交与礼仪[M].北京：民族出版社，1993

ETIQUETTE

后 记

2013年的夏季如此炎热，似乎超出了所有人的预料。

立秋已有半月了，但高温丝毫没有退却。

夜阑人静，独坐窗前。

收拾一段时间的碎片。

俊明先生是我仰慕的学者和长者，在理工校园可谓叱咤风云的人物。以其诙谐的文风、泼辣的点评被多家媒体特约为资深撰稿人。近年来，他的"毕业致辞"，因其感动学子、激励学子，总在校园引起不小的轰动，并每每掀起网络热议。

"一段似水年华无可挽留地成为追忆，一段青葱岁月无可奈何地被尘封……"

"所有的过去都是开始，所有的开始都直通未来。"

"业，你毕了没？"

此番，诚邀俊明先生为小作写序，远在西藏游历的他居然欣然应允，不胜感激！

成都理工大学传播科学与艺术学院文杰老师和成都信息工程学院银杏酒店管理学院艺术设计系刘峰老师，这次欣然加盟，为本书创作插画，不吝其烦，修改数遍，尽善尽美。午后的咖啡厅、露天的小茶馆、东郊记忆的Fish eye，交流、碰撞、升华，几番回合下来，也算志同道合的知音了。

好友李伟丽女士，为河北邯郸移动通讯客户经理，一直从事客户服务和HR工作，对礼仪颇有研究，百忙之中完成了"求职礼仪"的撰写，也可谓经验之谈。

另，成都银杏酒店管理学院酒店管理系徐君宜老师编写了"融洽的关系助你玩转职场"；成都理工大学赵良成、肖晓共同完成"商务出行礼仪"和"职场修炼法则"；"形象是第一竞争力"、"良好的沟通是职场第一要务"、"商务餐桌上的礼仪"、"商务礼品往来的学问"由肖晓编写。全书大纲、体例由肖晓设计并完成整个统稿及修改工作。

感谢为本书付出辛勤劳动的朋友，因为有你，才有了我们今天的小小收获。更重要的是，以书会友，探讨、创作的过程让我们的心灵更加靠近，激扬智慧，感悟人生。

夜已深，凉风习习。

肖　晓

2013年8月20日

于成都天回银杏苑

ETIQUETTE

后

记

187